DE LA VIOLENCE À L'INSTITUTION

DU MÊME AUTEUR

Hegel, Carl Schmitt. Le politique entre spéculation et positivité, « Léviathan », Paris, Puf, 1992 ; rééd. « Quadrige », Paris, Puf, 2005.

Hegel et l'hégélianisme, 4e éd., Paris, Puf, 2023.

L'effectif et le rationnel. Hegel et l'esprit objectif, Paris, Vrin, 2008 ; rééd. 2e éd. révisée, Paris, Vrin, 2020.

Que faire de Carl Schmitt ?, Paris, Gallimard, 2011.

La raison des normes. Essai sur Kant, Paris, Vrin, 2015.

Variazioni kelseniane, Naples, ESI, 2016.

Explorations allemandes, Paris, CNRS Éditions, 2019.

Puissance des droits. Théorie, histoire, critique, Paris, Puf, 2025.

BIBLIOTHÈQUE D'HISTOIRE DE LA PHILOSOPHIE
Fondateur Henri GOUHIER Directeur Emmanuel CATTIN

Jean-François KERVÉGAN

DE LA VIOLENCE À L'INSTITUTION

Philosophie juridique de Hegel

PARIS
LIBRAIRIE PHILOSOPHIQUE J. VRIN
6 place de la Sorbonne, Ve
2025

Imprimé en France
ISSN 0249-7980
ISBN 978-2-7116-3243-5
www.vrin.fr

La raison ne peut se permettre de dormir.
Hegel, *Philosophie de l'histoire*,
Introduction de 1830-1831

RÉFÉRENCES ET ABRÉVIATIONS

TEXTES ALLEMANDS

AA : I. Kant, *Akademie Ausgabe*
Anm. : Anmerkung (Remarque).
GW : G. W. F. Hegel, *Gesammelte Werke*, Hamburg, F. Meiner.

Enzykl 1 : *Enzyklopädie der philosophischen Wissenschaften*, erste Auflage (1817), *GW* 13, Hamburg, F. Meiner, 2000.
Enzykl 3 : *Enzyklopädie der philosophischen Wissenschaften*, dritte Auflage (1830), *GW* 20, Hamburg, F. Meiner, 1992.
Enzykl, Zusätze : *GW* 23-3, Hamburg, F. Meiner, 2017.
Frühe Schriften I : *GW* 1, Hamburg, F. Meiner, 1989.
Glauben und Wissen : *GW* 4, Hamburg, F. Meiner, 1968.
Grundlinien : *Grundlinien der Philosophie des Rechts*, *GW* 14-1, Hamburg, F. Meiner, 2009.
Naturrecht : *Über die wissenschaftlichen Behandlungsarten des Naturrechts*, *GW* 4, Hamburg, F. Meiner, 1968.
PhiGeist 1 : *Philosophie des Geistes* [1803-1804], *Jenaer Systementwürfe*, *GW* 6, Hamburg, F. Meiner, 1975.
PhiGeist 2 : *Philosophie des Geistes* [1805-1806], *Jenaer Systementwürfe*, *GW* 8, Hamburg, F. Meiner, 1976.
PhG : *Phänomenologie des Geistes*, *GW* 9, Hamburg, F. Meiner, 1980.
Reformbill : *Über die englische Reformbill*, *GW* 16, Hamburg, F. Meiner, 2001.

Reichsverfassung : *Über die Reichsverfassung*, *GW* 5, Hamburg, F. Meiner, 1998.

Ständeschrift : *Verhandlungen in der Versammlung der Landstände*, *GW* 15, Hamburg, F. Meiner, 1990.

Sittlichkeit : *System der Sittlichkeit*, *GW* 5, Hamburg, F. Meiner, 1998.

Vorlesungen über die Philosophie der Kunst, *GW* 28, 3 volumes, Hamburg, F. Meiner, 2015-2020.

Vorlesungen über die Philosophie des Rechts, *GW* 26, 3 volumes, Hamburg, F. Meiner, 2013-2015.

Wannenmann : Naturrecht und Staatswissenschaft. Wintersemester 1817-1818 (Nachschrift Wannenmann), *GW* 26-1, 2013.

Hotho : Philosophie des Rechts. Wintersemester 1822-1823 (Nachschrift Hotho), *GW* 26-2, 2015.

Griesheim : Philosophie des Rechts. Wintersemester 1824-1825 (Nachschrift Griesheim), *GW* 26-3, 2015.

WdL 1 : *Wissenschaft der Logik*, 1 : *Das Sein* (1812), *GW* 11, Hamburg, F. Meiner, 1978.

WdL 2 : *Wissenschaft der Logik*, 2 : *Die Lehre vom Wesen* (1813), *GW* 11, Hamburg, F. Meiner, 1978.

WdL 3 : *Wissenschaft der Logik*, 3 : *Die Lehre vom Begriff* (1816), *GW* 12, Hamburg, F. Meiner, 1981.

TRADUCTIONS FRANÇAISES

Actes : « Actes de l'Assemblée des états de Wurtemberg », trad. fr. P. Quillet, dans *Écrits politiques*, Paris, Champ Libre, 1977.

Berne : *Fragments de la période de Berne*, trad. fr. R. Legros-F. Verstraeten, Paris, Vrin, 1987.

Constit. All. : *La constitution de l'Allemagne*, trad. fr. M. Jacob, dans *Écrits politiques*, Paris, Champ Libre, 1977.

Correspondance, trad. fr. J. Carrère, 3 tomes, Paris, Gallimard, 1962-1967.

Droit naturel : Des manières de traiter scientifiquement du droit naturel, trad. fr. B. Bourgeois, Paris, Vrin, 1972.

Encycl 1 : *Encyclopédie des sciences philosophiques*, t. 1 : *La Science de la Logique*, trad. fr. B. Bourgeois, Paris, Vrin, 1972.

Encycl 3 : *Encyclopédie des sciences philosophiques*, t. 3 : *Philosophie de l'esprit*, trad. fr. B. Bourgeois, Paris, Vrin, 1988.

Esprit : La philosophie de l'esprit [1805], trad. fr. G. Planty-Bonjour, Paris, Puf, 1982.

Esthétique : Cours d'esthétique, trad. fr. J.-P. Lefebvre et V. von Schenck, 3 tomes, Paris, Aubier, 1995-1997.

Foi et savoir, trad. fr. M. Méry, dans *Premières publications*, Gap, Ophrys, s. d.

HP : Leçons sur l'histoire de la philosophie, trad. fr. P. Garniron, 7 volumes, Paris, Vrin, 1971-1991.

Intr. PhiHist : Introduction à la philosophie de l'histoire, trad. fr. M. Bienenstock et N. Waszek, Paris, Le Livre de Poche, 2011.

La Philosophie de l'histoire, trad. fr. M. Bienenstock *et al.*, Paris, Le Livre de Poche, 2009.

LDN : Leçons sur le droit naturel et la science de l'État, trad. fr. J.-P. Deranty, Paris, Vrin, 2002.

Notes et Fragments. Iéna 1803-1806, éd. et trad. fr. P.-J. Labarrière *et al.*, Paris, Aubier, 1991.

PhE : Phénoménologie de l'esprit, trad. fr. B. Bourgeois, Paris, Vrin, 2006.

PhiRel 2 : *Leçons sur la philosophie de la religion*, t. II : *La religion déterminée*, trad. fr. G. Marmasse, Paris, Vrin, 2010.

PPD : Principes de la philosophie du droit, trad. fr. J.-F. Kervégan, Paris, Puf (Quadrige), 2013.

Premier système : *Le premier système* [1803-1804], trad. fr. M. Bienenstock, Paris, Puf, 1999.

Propédeutique : *Propédeutique philosophique*, trad. fr. M. de Gandillac, Paris, Minuit, 1963.

Reformbill fr : « À propos du *Reformbill* anglais », trad. fr. M. Jacob, dans *Écrits politiques*, Paris, Champ Libre, 1977.

SL 1 : *Science de la Logique*, tome 1, *L'Être*, trad. fr. B. Bourgeois, Paris, Vrin, 2015.

SL 2 : *Science de la Logique*, tome 2, *L'Essence*, trad. fr. B. Bourgeois, Paris, Vrin, 2016.

SL 3 : *Science de la Logique*, tome 3, *Le Concept*, trad. fr. B. Bourgeois, Paris, Vrin, 2016.

Vie éthique : *Système de la vie éthique*, trad. fr. J. Taminiaux, Paris, Payot, 1976.

Afin d'alléger l'appareil de notes, les références aux textes de Hegel ont été incorporées sauf exception au texte principal.

AVANT-PROPOS

En utilisant le vocabulaire d'Éric Hobsbawn, on peut dire que Hegel est un penseur du long XIXe siècle, celui qui commence avec la Révolution française ; il assume cette situation, lui qui considère que « chacun est un *fils de son temps* » (ce qui pourrait être une banalité), mais qui soutient aussi (ce qui n'en est pas une) que « la philosophie est [...] *son temps appréhendé en pensées* » (*Grundlinien*, p. 15 ; *PPD*, p. 132) – et son temps, c'est pour lui l'ère nouvelle qui s'est ouverte avec le « magnifique lever de soleil » de 1789, et qui a suscité dans toute l'Europe une « émotion sublime », un « enthousiasme de l'esprit » (*Intr. PhiHist*, p. 165). Dès lors, puisque notre monde n'est pas celui de Hegel, comment devons-nous le lire *aujourd'hui*, si nous jugeons utile de le lire ? Il y a, de toute évidence, diverses manières de le faire, comme il y a de façon générale plusieurs manières de pratiquer l'histoire de la philosophie ; chacune comporte ses mérites et ses points d'achoppement.

Henri Gouhier distinguait deux façons de faire de l'histoire de la philosophie[1]. L'une, partant du présent, s'efforce de reconstituer la chaîne qui relie continûment

1. H. Gouhier, « Vision rétrospective et intention historique », dans E. Castelli (dir.), *Philosophie de l'histoire de la philosophie*, Paris, Vrin, 1956, p. 133-141.

les philosophies passées à la philosophie actuelle, qui est ainsi le produit d'un développement continu. L'autre veut revisiter l'histoire telle qu'elle a été vécue au présent et reconstruire – je traduis sa pensée à l'aide du vocabulaire de Reinhart Koselleck – le « champ d'expérience » et « l'horizon d'attente » dans lesquels le « futur passé » s'inscrivait[1]. Dans la première perspective, on montrera par exemple comment l'œuvre de Machiavel ou celle de Hobbes ont défini les concepts fondamentaux de la philosophie politique moderne et formulé des questions auxquelles se confronte encore la pensée contemporaine ; on se demandera quelle est leur *Wirkungsgeschichte* au sens de Gadamer, puisque « une conscience véritablement historique ne perd jamais de vue son propre présent »[2]. Dans la seconde perspective, il s'agit, comme dit Pocock, de « se projeter dans un futur qui pour nous appartient au passé »[3] – autre formulation de la notion d'horizon d'attente : que voulaient faire Machiavel ou Hobbes lorsqu'ils écrivaient *Le Prince* ou *Léviathan* dans l'univers intellectuel où s'inscrivait leur activité de pensée et d'écriture ? Défaut possible de la démarche régressive : elle comporte un préjugé continuiste pouvant conduire à sous-estimer les ruptures qui ont scandé l'histoire de la pensée. Défaut inverse de la démarche reconstructrice : elle risque de projeter

1. R. Koselleck, « Champ d'expérience et horizon d'attente », dans *Le futur passé. Contribution à la sémantique des temps historiques*, trad. fr. J. et M.-C. Hoock, Paris, Éditions de l'EHESS, 1990, p. 307 *sq*.

2. H.-G. Gadamer, *Vérité et Méthode*, trad. fr. P. Fruchon, J. Grondin et G. Merlio, Paris, Seuil, 1996, p. 327.

3. J. G. A. Pocock, *Vertu, commerce et histoire*, trad. fr. H. Aji, Paris, Puf, 1998, p. 21.

sur les textes passés des questionnements étrangers à leurs auteurs et méconnaît le poids de *nos* exigences par rapport à des textes dont les innovations conceptuelles et les stratégies argumentatives ont, que nous le voulions ou non, façonné les nôtres.

Il existe bien sûr d'autres manières d'aborder l'histoire de la philosophie. J'en évoquerai deux, différentes des deux précédentes et entre elles. La première consiste à construire une histoire de la philosophie fondée sur les prémisses d'une philosophie déterminée, considérée comme l'aboutissement ou le parachèvement d'une trajectoire évolutive. On pense ici, bien entendu, à Hegel lui-même, selon qui « l'histoire de la philosophie fait voir dans les philosophies qui apparaissent diverses [...] seulement une philosophie une à des degrés divers de son développement », de sorte que « les *principes* particuliers dont chacun fut au fondement d'un système ne sont que des *rameaux* d'un seul et même tout » (*Enzykl* 3, § 13, *GW* 20, p. 55 ; *Encycl* 1 p. 179-180). Ce point de vue est également adopté, de manière plus ou moins explicite, par des commentateurs qui, comme Bernard Bourgeois ou Klaus Vieweg, voient dans la pensée de Hegel le point d'aboutissement de l'histoire de la philosophie occidentale. Au demeurant, cette idée d'une histoire philosophique (et téléologique) de la philosophie se rencontre déjà chez Kant, avec le programme d'une « histoire de la raison pure ». Et puis il y a bien sûr « l'histoire de l'être » conçue par Heidegger comme une alternative à « l'histoire de la métaphysique »[1].

1. M. Heidegger, *Beiträge zur Philosophie*, Francfort/Main, Klostermann, 1989, *passim*.

Bien différente et, en un sens, tout aussi ambitieuse est la tentative, à laquelle sont attachés les noms de Martial Gueroult et de ses disciples (comme Alexandre Matheron), de considérer une philosophie (peut-être pas n'importe quelle philosophie, mais au moins une de celles qui ont une ambition systématique) comme un système dont il est possible de reconstruire « selon l'ordre des raisons » l'organisation interne, la « technologie ». Dans cette perspective, les réponses aux questions qu'un texte pose sont à rechercher dans le corpus auquel il appartient, même si, bien entendu, une philosophie n'est pas une monade sans portes ni fenêtres. Ce choix pose un problème auquel Gueroult n'a cessé de se confronter : comment concilier la « vérité interne » d'une philosophie, que l'historien peut dégager en sa complétude présumée, et sa non-vérité externe, qui tient à ce qu'elle est *une* philosophie parmi d'autres : « l'historicité de la philosophie entre en contradiction avec sa vérité philosophique qui seule la justifie pour la philosophie »[1]. Éprouvant une fascination rétive pour la solution hégélienne – le recouvrement intégral de la philosophie et de son histoire –, Gueroult ne cesse tout au long de son travail d'autoréflexion « dianoématique », parallèle à son œuvre d'historien *des* philosophies, de tenter de résoudre l'aporie constitutive du métier d'historien de *la* philosophie.

Mais faut-il s'en tenir à l'alternative définie par Gouhier ? Je ne le crois pas. Sur quels principes se fonde alors ma propre lecture des écrits de Hegel, qui a évolué au cours d'un long commerce ? Je m'en suis expliqué

1. M. Gueroult, *Dianoématique*, t. 1 : *Histoire de l'histoire de la philosophie*, Paris, Aubier, 1994, p. 14.

naguère dans un texte qui s'efforçait de dresser le bilan de l'ensemble de mes travaux. S'agissant de Hegel, j'y résume ainsi ma position :

> Si on lit Hegel selon d'autres canons que ceux d'une histoire scolastique de la philosophie (laquelle, au demeurant, a sa valeur et même sa nécessité !), si l'on s'attache à ce qui chez lui peut aider à penser au présent, alors on doit sans doute se mettre à l'écoute d'un penseur qui, sans rien abandonner de ce qui constitue le propre de son geste intellectuel, mettrait en veilleuse certaines des ambitions qui lui sont prêtées, un Hegel qui entendrait des questions qui dans le hégélianisme historique n'avaient pas encore trouvé de formulation, parce que l'esprit du temps ne le permettait pas, et qui leur proposerait des réponses intempestives[1].

S'intéresser à ce qui chez Hegel peut permettre de « penser au présent », cela signifie s'écarter d'une lecture strictement internaliste, à la Gueroult. Celle-ci est pourtant nécessaire, si on ne veut pas se satisfaire d'un survol approximatif; il faut donc épeler (*buchstabieren* : c'était le mot d'ordre lancé par Gadamer lors de la création de la *Hegel-Vereinigung*) des textes aussi ardus que ceux de Hegel ; de toute manière, bien des énoncés, notamment dans la théorie de l'esprit objectif, sont littéralement inintelligibles si on ne se réfère pas à l'énorme travail de refonte des concepts fondamentaux de la philosophie opéré dans la *Science de la Logique*. Il convient donc de naviguer entre lecture interne et lecture « actualisante », en pariant qu'elles puissent se

1. J.-F. Kervégan, « Normativité, juridicité, rationalité : un bilan », dans I. Aubert, É. Djordjevic, G. Marmasse (dir.), *La pensée et les normes*, Paris, Éditions de la Sorbonne, 2021, p. 317-350, ici p. 320-321.

féconder mutuellement. Penser Hegel au présent, c'est également aller dans une autre direction que celle de l'école de Cambridge ou de la *Begriffsgeschichte*, tout en tenant compte des acquis précieux de ce type de travaux. Bien sûr, il importe de reconstruire l'horizon de sens des questions que pouvait se poser Hegel, pour éviter les projections intempestives et les anachronismes ; mais nous pouvons aussi nous appuyer sur notre lecture de Hegel pour reformuler avec son aide nos propres questions et, par conséquent, nos réponses. « Réactualiser Hegel », comme s'efforcent de le faire différents courants de la philosophie contemporaine (néo-pragmatisme, théorie critique francfortoise…), ne peut se faire selon moi qu'en acceptant cette double contrainte : il faut retourner à lui pour penser éventuellement contre lui.

S'agissant, en particulier, de la philosophie du droit, qui a acquis en partie grâce à Hegel le statut d'une discipline philosophique distincte (distincte de la philosophie politique, de la philosophie morale et de ce vaste ensemble qu'on nommait encore à l'époque de Hegel *philosophia practica universalis*), mon hypothèse est que, bien que Hegel soit largement absent (à quelques exceptions près) des discussions actuelles en ce domaine où la littérature est massivement anglo-saxonne, il peut précisément nous aider à décentrer les questionnements en vigueur et à interroger les solutions proposées, en nous invitant à repenser les concepts que cette discipline met en œuvre, le plus souvent à partir d'un autre horizon que celui du hégélianisme (pour la philosophie du droit anglo-saxonne, c'est celui de l'utilitarisme). Par exemple, comme on va tenter de l'établir ci-après, la lecture de Hegel nous conduit à réexaminer la relation entre droit et violence ; elle nous incite à repenser les rapports entre le droit objectif et les droits subjectifs, et à complexifier notre idée de ce qu'est une constitution ; elle nous conduit aussi à réviser les jugements hâtifs sur le caractère forcément oppressif des institutions. Bref, la philosophie juridique de Hegel est un magnifique outil pour apprendre à faire de la philosophie du droit *autrement*.

Conçus ces dernières années, les chapitres suivants appliquent la méthode qui vient d'être décrite à différentes questions d'interprétation de la doctrine de l'esprit objectif (de la « philosophie du droit » au sens extensif donné à ce terme par Hegel) sur lesquelles la réflexion contemporaine a projeté un éclairage nouveau dont notre lecture des textes passés doit tenir compte.

INTRODUCTION

LA LIBERTÉ JURIDIQUE ET SON SOCLE « ÉTHIQUE »

À l'encontre de la thèse de Kant (et du sens commun) selon laquelle le droit consiste en une restriction mutuelle des libertés[1] et entretient de ce fait une relation essentielle avec diverses formes de contrainte[2], Hegel considère le droit comme l'expression positive de la liberté de l'esprit, pour autant que celui-ci a vocation à s'objectiver, à se donner un « monde » où la liberté apparaît « en tant que nécessité présente » (*Enzykl* 3, § 385, p. 383 ; *Encycl* 3, p. 180). La liberté n'est ni bridée ni réprimée par le droit ; celui-ci est bien plutôt « l'être-là [...] de la liberté consciente de soi » (*Grundlinien*, § 30, p. 46 ; *PPD*, p. 175). Mais il ne s'agit pas seulement d'associer les deux concepts de liberté et de droit, ce qui à vrai dire ne serait pas extrêmement original. Ce

1. I. Kant, *Rechtslehre*, Einleitung, *AA* VI, p. 230 ; *Doctrine du droit*, trad. fr. A. Renaut, Paris, GF-Flammarion, 1994, p. 17 : « Le droit est l'ensemble des conditions sous lesquelles l'arbitre de l'un peut être concilié avec l'arbitre de l'autre selon une loi universelle de liberté ».

2. Kant, *Rechtslehre*, Einleitung, *AA* VI, p. 232 ; *Doctrine du droit*, p. 18.

qu'il y a de vraiment neuf dans la doctrine hégélienne de l'esprit objectif (cette invention terminologique est elle-même l'indice de cette nouveauté[1]) est qu'elle élabore un concept original du droit, contre-intuitif à maints égards, sur la base d'une conception dialectique de la liberté comme « être auprès de soi dans l'altérité » (*Beisichsein im Anderen*). Pour cette raison, la doctrine de l'esprit objectif est susceptible d'ouvrir des perspectives originales à la philosophie contemporaine du droit, laquelle vit généralement, comme le dit un de ses grands représentants, « à l'ombre de l'utilitarisme »[2] et ignore, à quelques exceptions près[3], les propositions hégéliennes.

Hegel, tout au long de son œuvre, ambitionne de dépasser les conceptions de la liberté élaborées par la philosophie moderne, qui demeurent selon lui unilatérales, car centrées sur le sujet individuel, sur « l'esprit subjectif ». Selon lui, ni le *liberum arbitrium* cartésien, ni la conception kantienne de la liberté comme indépendance à l'égard de la nécessité naturelle (c'est le « concept négatif » de la liberté) et comme capacité d'autodétermination rationnelle (c'est son « concept positif »), l'une et l'autre ayant pour présupposition la

1. L'expression apparaît dans la première édition de l'*Encyclopédie*, en 1817 (§ 306) ; mais le concept a précédé la dénomination, comme en témoignent les développements sur « l'esprit absolu d'un peuple » dans la première *Philosophie de l'esprit* d'Iéna et sur « l'esprit effectif » dans la seconde, ainsi que la définition de l'esprit comme « *monde* effectif objectif » dans la *Phénoménologie de l'esprit* (*PhG*, p. 238 ; *PhE*, p. 384).

2. H. L. A. Hart, « Between utility and rights », in *Essays on Jurisprudence and Philosophy*, Oxford, Oxford University Press, 1981, p. 222.

3. Par exemple : M. Radin, *Reinterpreting Property*, Chicago, University of Chicago Press, 1993, p. 44 *sq.* ; J. Waldron, *The Right of Private Property*, Oxford, Oxford University Press, 1988.

liberté transcendantale entendue comme « spontanéité absolue des causes »[1], ne sont à même de rendre compte non seulement de la véritable teneur métaphysique de la liberté, mais aussi de son accomplissement juridico-politique. Certes, Hegel reprend à son compte, au paragraphe 15 des *Principes de la philosophie du droit*, la distinction entre *Wille* et *Willkür*, entre volonté et arbitre, qui a conduit Kant, dans l'Introduction de la *Métaphysique des Mœurs*, à mettre audacieusement hors circuit la question de la liberté de la volonté[2]. Il fait également sienne, dans une certaine mesure, la conception fichtéenne de la liberté comme acte d'auto-position du Moi[3], et prend en considération (en dépit de ses réserves à l'égard du théocentrisme de Schelling) la critique des conceptions anthropocentriques de la liberté qui est menée dans la *Freiheitsschrift* de 1809[4]. Mais sa

1. Kant, *Kritik der reinen Vernunft*, B 474 ; trad. fr. A. Renaut, *Critique de la Raison pure*, Paris, GF-Flammarion, 2006, p. 444. À propos du rapport des différents concepts de la liberté chez Kant, voir J.-F. Kervégan, *La raison des normes. Essai sur Kant*, Paris, Vrin, 2015, p. 27 *sq.*

2. Kant, *Metaphysik der Sitten*, Einleitung, *AA* VI, p. 226 ; *Métaphysique des mœurs*, Introduction, p. 178 : « la volonté [...] ne peut être dite ni libre, ni non libre. [...] C'est donc uniquement l'arbitre qui peut être dit libre ».

3. Voir Fichte, *Grundriss des Eigentümlichen der Wissenschaftslehre*, in *Fichtes Werke*, Band 1, Berlin, De Gruyter, 1971, p. 371 ; trad. fr. A. Philonenko, *Précis de ce qui est propre à la Doctrine de la Science*, dans *Œuvres choisies de philosophie première*, Paris, Vrin, 1972, p. 211 : « Le Moi est libre lorsque et dans la mesure où il se pose comme libre ».

4. Voir Schelling, *Philosophische Untersuchungen über das Wesen der menschlichen Freiheit*, in *Sämmtliche Werke*, Band 7, Stuttgart, 1860, p. 339-340 ; *Recherches philosophiques sur l'essence de la liberté humaine*, dans *Œuvres métaphysiques*, trad. fr. J.-F. Courtine et E. Martineau, Paris, Gallimard, 1980, p. 126-127.

propre conception de la liberté se situe sur un autre plan que celles de ses prédécesseurs et contemporains, et comporte des conséquences impensables dans le cadre de la philosophie kantienne et postkantienne. Selon lui, la liberté consiste dans l'affrontement de la « *douleur* infinie », ontologique en quelque sorte, qu'est l'épreuve de la négativité (par exemple, de celle qu'oppose la nécessité naturelle au sujet : *Enzykl* 3, § 382, p. 382 ; *Encycl* 3, p. 178). C'est pourquoi Hegel soutient que la liberté est « la vérité de la nécessité » (*WdL* 3, p. 12 ; *SL* 3, p. 16 ; voir également *Enzykl* 3, § 158, p. 174 ; *Encycl* 1, p. 403), et cela à un double titre : la liberté *présuppose* la nécessité, et elle la *surmonte* ; bref, elle en est l'*Aufhebung* en tous les sens de ce terme dont la philosophie hégélienne a fait son emblème : conserver, dépasser, mettre en réserve, abolir. Ainsi conçue, la liberté entretient un rapport essentiel avec ce que la Préface de la *Phénoménologie de l'esprit* nomme non sans emphase « le sérieux, la douleur, la patience et le travail du négatif » (*PhG*, p. 18 ; *PhE*, p. 69) : elle se conquiert dans la confrontation active avec la négativité. C'est seulement grâce à l'épreuve de l'être-autre, de « l'étrangèreté » (*Fremdheit*), que peut être évitée l'aliénation (*Entfremdung*), c'est-à-dire la dépendance à l'égard de l'altérité, la soumission au « donné ». La liberté ne doit donc pas être décrite comme un état ou comme une propriété ontologique : elle est un *processus*. En d'autres termes, elle est l'acte de se libérer de la non-liberté : négation de la négation. On sait l'écho que cette idée a trouvé ultérieurement, chez Marx puis dans la Théorie critique. Ce n'est d'ailleurs pas seulement dans cette direction que la conception dialectique de la liberté forgée par Hegel sera entendue. La tradition pragmatiste s'en est également nourrie – chez Peirce et Dewey déjà, mais surtout dans ses développements contemporains. En effet, le concept hégélien de liberté, retraduit en termes de *commitment*, ouvre la voie à une « théorie sociale de l'agentivité » (*social theory of agency*[1]) ; dans une telle perspective, la liberté ne doit plus être comprise comme un prédicat métaphysique d'un sujet singulier (empirique ou transcendantal) mais plutôt comme une détermination processuelle d'un « *Moi* qui est un *Nous*, et [d']un *Nous* qui est un *Moi* » (*PhG*, p. 108 ; *PhE*, p. 199 ; voir *PhG*, p. 195 ; *PhE*, p. 324 : « Eux en tant que moi, moi en tant qu'eux »).

On parvient ainsi au domaine du droit, entendu comme cadre normatif de l'agir social. Dans ce domaine aussi, le mode de pensée de Hegel est novateur. Alors que la tradition du droit naturel moderne – en y incluant Kant, qui sur ce point est plus traditionnaliste qu'à propos du rapport entre volonté et liberté – considère le droit comme une limitation réciproque ou comme une règle de compatibilité des libertés, et insiste pour cette raison sur le fait que la contrainte possible est inhérente au rapport de droit[2], Hegel conçoit le « système du droit » (autrement dit le droit objectif, *the law*) comme « le règne de la liberté effectuée » (*das Reich des verwirklichten Freiheit : Grundlinien*, § 4, p. 31 ; *PPD*, p. 151), et le droit subjectif (*the right*) comme « l'être-là de la volonté libre » (*Grundlinien*, § 29, p. 45 ; *PPD*, p. 174). Il ne

1. Voir R. B. Pippin, *Hegel's Practical Philosophy. Rational Agency as Ethical Life*, Cambridge, Cambridge University Press, 2008, p. 147 *sq*.

2. Voir en particulier Fichte, *Grundlage des Naturrechts*, § 14-16, p. 139-149 ; *Fondement du droit naturel*, trad. fr. A. Renaut, Paris, Puf, 1984, p. 154-163.

conteste pas la nécessité de diverses formes de contrainte juridique et judiciaire : toute une division de l'exposé du droit abstrait, c'est-à-dire du droit privé, est intitulée « Contrainte et crime » (*Zwang und Verbrechen*). Mais la contrainte n'appartient pas, selon Hegel, à l'essence (ou au concept) du droit, parce que l'affaire du droit est la *réalisation* et non la restriction de la liberté ; croire le contraire serait se méprendre non seulement sur la nature du droit, mais sur celle de la liberté elle-même. Tout comme la liberté ne relève pas de la première nature, de la nature « naturelle » de l'esprit, mais de la seconde, de sa nature « spirituelle », la contrainte juridique doit être entendue comme une réaction, une contrainte seconde, comme une violence répondant à une violence première. Hegel précise d'ailleurs que « seul peut être contraint à quelque chose celui qui *veut* se laisser *contraindre* » (*Grundlinien*, § 91, p. 88 ; *PPD*, p. 242). Il fait à ce propos une distinction éclairante entre être « dompté » (*bezwungen*) et être « contraint » (*gezwungen*) : tout être vivant peut être dompté, forcé par une puissance supérieure d'accomplir tel ou tel acte, mais l'homme, en tant que vivant rationnel, peut toujours – à ses risques et périls – refuser de se soumettre à la domination du plus puissant : son action peut être contrainte, non sa volonté. Ceci veut dire que, contrairement à une interprétation superficielle de la dialectique maîtrise-servitude dans la *Phénoménologie de l'esprit*, il ne peut y avoir, selon Hegel, de servitude volontaire – si du moins on a une conception adéquate de ce qu'est la volonté : le choix de la servitude n'est pas un choix libre. Ce à quoi il faut ajouter que ce que je veux ne coïncide pas forcément avec ce que je crois vouloir : il y a une objectivité fondamentale du vouloir, et c'est principalement la « volonté objective », incorporée dans les mœurs et les coutumes, et non la « volonté subjective », que le droit, en tant que charpente de l'esprit objectif, a pour fondement (*Enzykl* 3, § 486, p. 479-480 ; *Encycl* 3, p. 282-283).

Mais, afin de pouvoir concevoir le système du droit comme l'existence même de la liberté, il faut procéder à une extension ou à ce que j'ai nommé une démultiplication de son concept[1]. On s'est parfois étonné de ce que la philosophie du droit de Hegel inclue nombre de choses qui n'ont pas grand-chose à voir avec ce qu'on entend communément par droit, comme par exemple le « droit de la volonté subjective » (les droits et devoirs moraux du sujet) ou divers aspects de l'éthicité (*Sittlichkeit*) qui semblent n'avoir pas particulièrement un caractère juridique (c'est le cas de l'amour, du sentiment patriotique ou, dans un tout autre registre, des structures profondes du système des besoins, autrement dit de la société de marché). On rencontre même dans les *Grundlinien* un « droit de l'esprit du monde » plein de mystère et, pour tout dire, assez suspect – aux yeux d'un lecteur comme Karl Popper, en tout cas –, un droit qui ose revendiquer d'être « absolu » et « sans restriction » (*Grundlinien*, § 30 Anm., p. 46 ; *PPD*, p. 176). Or cette extension de l'usage du concept de droit à l'ensemble de la sphère de l'esprit objectif repose sur la conviction *philosophique* de Hegel selon laquelle le « système du droit » n'est ni consistant, ni complet s'il n'inclut pas certaines infrastructures relevant de la morale ou de l'éthique (et on sait que selon lui, comme selon Kant et Fichte, ces deux domaines sont distincts : *Grundlinien*, § 33 Anm., p. 49 ; *PPD*, p. 180),

1. J.-F. Kervégan, *L'effectif et le rationnel. Hegel et l'esprit objectif*, Paris, Vrin, 2008, p. 55 *sq*.

et même de la philosophie de l'histoire. Le droit n'est pas de nature purement juridique, ce terme désigne plutôt un ensemble de configurations normatives enracinées dans des croyances et des pratiques institutionnalisées ; c'est la raison pour laquelle il ne saurait y avoir, pour Hegel, de « théorie *pure* du droit ». Le droit, nécessairement, est entrelacé avec du non-juridique (du moins selon la compréhension étroite du juridique qui prévaut chez la plupart des juristes et des philosophes) ; c'est pourquoi, chez Hegel, le couplage entre validité et efficacité des normes, qui peut paraître assez mystérieux chez Kelsen[1], ne pose absolument aucun problème, car la séparation des deux sphères ontologiquement distinctes du *Sollen* et du *Sein*, des normes et de leur effectivité, n'a pas lieu d'être. Le droit a bien entendu une dimension normative, mais il s'agit d'une normativité incorporée au monde vécu de l'éthicité. Le droit est à la fois norme et *praxis* socialement et politiquement institutionnalisée (ou, si on préfère, ritualisée), de sorte qu'il ne doit pas être entendu seulement comme encadrement abstraitement normatif des pratiques, mais comme accomplissement de la liberté dans ces pratiques mêmes.

Se comprend ainsi la raison pour laquelle les *Principes de la philosophie du droit* regroupent l'ensemble des configurations de l'esprit objectif sous la dénomination générique de « droit ». Parce qu'il objective et norme l'interaction d'agents libres, le droit entendu au sens restreint de droit privé « abstrait » est le paradigme de cette constitution de soi dans la confrontation à l'autre

1. Voir H. Kelsen, *Reine Rechtslehre*, 2e éd., § 34, Wien, Verlag Österreich, 2000, p. 215 *sq.* ; *Théorie pure du droit*, trad. fr. Ch. Eisenmann, Bruxelles-Paris, Bruylant-L.G.D.J., 1999, p. 211 *sq.*

qui est, pour Hegel, la définition même de la liberté. Une définition philosophique du droit ainsi entendu pourrait donc être la suivante : le droit, c'est la liberté s'exprimant comme nécessité, ou encore : c'est la subjectivité se transposant dans le monde social objectif, un « monde de l'esprit produit à partir de l'esprit lui-même », celui de la seconde nature (*Grundlinien*, § 4, p. 31 ; *PPD*, p. 151). Cette transposition dans l'objectivité, cette « effectuation », fait que la liberté, qui selon l'opinion commune est une propriété de l'esprit subjectif, reçoit une « *configuration* » (*Gestaltung*) qui met ce concept à distance de lui-même, ou plutôt le déprend de « la forme consistant à n'être que concept » (*Grundlinien*, § 1 Anm., p. 23 ; *PPD*, p. 137) : ce sont les institutions éthico-politiques qui rendent effectif ce principe abstrait. En s'inscrivant dans un tissu institutionnel concret, celui que désigne le terme *Sittlichkeit*, le *concept* du droit s'élève à l'*idée*, une idée qui, nous dit Hegel, « est l'effectivité des hommes, non pas l'idée qu'ils *ont*, mais celle qu'ils *sont* » (*Enzykl* 3, § 482 Anm., p. 477 ; *Encycl* 3, p. 279). L'idée du droit, c'est l'objectivation de son concept (la liberté) dans un réseau d'institutions qui rendent effective l'humanité des hommes au lieu d'être pour elle un carcan, comme pourrait le faire croire une conception inadéquate, non spéculative, de la liberté.

Comme d'autres interprètes contemporains, je considère que la conception hégélienne du « droit » (*i. e.* de l'esprit objectif) doit être comprise comme une théorie institutionnelle, à condition toutefois d'adopter une conception suffisamment souple et extensive de ce qu'est une institution : ce terme, suivant la définition classique qu'en donnent Mauss et Fauconnet, ne désigne pas seulement les « arrangements sociaux fondamentaux » (les

« grandes » institutions dotées, comme « l'État », d'une forme d'identité personnelle), mais aussi « les usages et les modes, les préjugés et les superstitions », bref : « un ensemble d'actes ou d'idées [...] que les individus trouvent devant eux et qui s'impose plus ou moins à eux »[1]. Mais, à l'encontre de l'anti-institutionnalisme spontané de notre conscience individualiste, il faut souligner que l'antonyme de la liberté, ce n'est pas l'institution : c'est la violence déréglée, anomique, autrement dit ce que la philosophie politique classique nommait l'état de nature, cet « état de violence et de non-droit dont on ne peut rien dire de plus vrai si ce n'est qu'*il faut sortir de lui* » (*Enzykl* 3, § 502 Anm., p. 488 ; *Encycl* 3, p. 292). Le titre de ce livre, *De la violence à l'institution*, entend rappeler que cette sortie, que Hegel comme Hobbes enjoignent d'opérer, ne l'est jamais que sous condition.

1. M. Mauss et P. Fauconnet, « Sociologie » [1901], dans M. Mauss, *Œuvres*, éd. V. Karady, t. 3 : *Cohésion sociale et divisions de la sociologie*, Paris, Minuit, 1969, p. 150.

CHAPITRE PREMIER

DROIT ET VIOLENCE : VARIATIONS HÉGÉLIENNES

Aussi loin que l'on remonte dans l'histoire du lexique allemand, le mot *Gewalt* semble avoir toujours eu, contrairement à ses équivalents français ou anglais présumés, un double registre de signification : d'un côté celui du ou des *pouvoirs* (que ce soit le pouvoir exercé, de façon légitime ou non, sur quelqu'un, ou les pouvoirs institutionnels législatif, exécutif, etc., coordonnés au sein de l'État) ; de l'autre, celui de la *violence* s'exerçant en dehors ou à l'encontre des normes du vivre ensemble[1]. D'un côté, il faut qu'un pouvoir d'organisation puisse exister au sein d'une société, et s'exerce le cas échéant à l'encontre des individus ou des groupes qui rechignent à se conformer aux normes communes ; sans un certain usage possible de la *Gewalt*, pas de rapports pacifiés entre humains. De l'autre côté, ce pouvoir court constamment le risque de devenir violent lorsqu'il excède les limites qui lui sont inhérentes, et qu'il doit définir lui-même au moyen du droit. Cette relation tendue entre droit,

1. Voir l'entrée *Gewalt* du *Deutsches Wörterbuch* des frères Grimm : https://woerterbuchnetz.de/?sigle=DWB&lemid=G13255.

pouvoir et violence se situe en particulier au cœur des œuvres de Kant, Fichte et Hegel, pour lesquels le cours de la Révolution française – entreprise au nom des droits et du droit, mais poursuivie dans la violence – mettait à l'ordre du jour de façon urgente la réflexion sur les rapports complexes qu'ils entretiennent. Chez Hegel, en particulier, cette réflexion a pris des formes diverses, mais a constamment constitué un problème dont il fallait, avant de le résoudre, définir conceptuellement les termes. Mais, avant d'en venir là, il convient de baliser rapidement le terrain.

PENSER LA VIOLENCE ET SON RAPPORT AVEC LE DROIT

Que faut-il entendre par violence? La définition aristotélicienne du mouvement violent (*biā*) par opposition au mouvement naturel (*kata phusin*) peut servir de fil conducteur[1]. Est violent ce qui contraint une chose à opérer/subir un mouvement (*kinèsis*) ne pouvant être conçu comme actualisant sa nature propre ou, pour le dire de façon métaphorique, qui la force à dévier de sa trajectoire. Est violent, en d'autres termes, ce qui contraint une chose à ne pas être ce qu'elle tend d'elle-même à être; dit en termes hégéliens : à être en contradiction avec son propre concept.

Diverses conséquences résultent de cette définition. Premièrement, seul un *acte* peut être violent. Dire d'un être vivant qu'il *est* violent, c'est faire d'une qualité de certaines actions une propriété de l'agent lui-même; or il importe de ne pas substantialiser la violence! Deuxièmement, toute contrainte, toute coercition n'est

1. Aristote, *Physique* IV, 215 a 1.

pas nécessairement violente. Par exemple, dans la conception traditionnelle de l'éducation, la contrainte éducative n'est pas violente si elle permet à l'enfant d'accéder par la médiation de la « culture » à une « nature » (l'humanité) qui n'est d'abord présente en lui qu'en puissance. De même, lorsqu'il est subordonné à certaines règles, l'usage de la force n'est pas *eo ipso* violent, même lorsqu'il peut, par exemple lors d'un affrontement militaire, entraîner la mort. En revanche, une guerre s'affranchissant de toutes les normes du droit de la guerre (*jus in bello*) et l'usage de la torture sur des prisonniers sont une violence, tout comme en général le recours à des châtiments humiliants ou dégradants. Il convient donc de faire un usage mesuré du vocabulaire de la violence, et de conserver présent à l'esprit ce qui distingue la contrainte, en principe susceptible de légitimation, et la violence, qui ne l'est pas.

De même, il faut se défier des usages métaphoriques de ce lexique. Ainsi, je suis réservé à l'égard de la manière dont, par exemple, Lévinas, Adorno ou Derrida mettent en question la violence qu'exercerait sur la pensée « la métaphysique » en sa volonté supposée de s'assurer prise sur la totalité du sens. Pour Lévinas, tout discours prétendant saisir le vrai comme totalité est violent, car il réduit l'écart « infini » qui sépare le même de l'autre, porte atteinte à l'altérité irréductible d'autrui et ruine par là le fondement éthique de la métaphysique[1]. Pour sa part, Adorno développe dans *Dialectique négative* l'idée que, chez Hegel, la dialectique s'est trouvée soumise à

1. E. Lévinas, *Totalité et Infini*, La Haye, Nijhoff, 1961, ainsi que le commentaire de J. Derrida : « Violence et métaphysique », dans *L'écriture et la différence*, Paris, Seuil, 1967, p. 117 *sq*.

l'ambition de la totalité, la négativité à la positivité, la différence à l'identité ; Hegel n'a pas su « reconnaître ce qu'a de non-vrai la contrainte identitaire »[1], il n'a pas mesuré la violence du concept spéculatif et de l'*Aufhebung* qu'il opère de toutes les contradictions. Il s'agit donc, contre Hegel, de réhabiliter la négation, de ne pas la penser comme un moyen terme « négativement rationnel » en vue d'une vérité spéculative ultime, « positivement rationnelle » (*Enzykl* 3, § 79, p. 118 ; *Encycl* 1, p. 342) ; il importe au contraire de penser une « négation de la négation qui ne se transforme pas en position », une dialectique sans savoir absolu[2]. Malgré tout ce qui les distingue, Adorno et Lévinas s'accordent à soupçonner la tradition philosophique, et Hegel en particulier, d'exercer une violence à l'encontre de ce qu'il y a de singulier, de surabondant, d'irréconciliable dans le monde. Ils rejoignent ainsi, chacun à sa manière, la critique déjà adressée par Schelling et Kierkegaard à une rationalité portée à son plus haut degré d'ambition chez Hegel. Si l'on suit cette voie, il faudrait porter sur le discours rationnel (ou « hyperrationnel ») le soupçon d'être violent, en quelque sorte par nature.

Si j'en comprends les raisons, en particulier les raisons historiques, je ne partage pas cette défiance fondamentale envers la rationalité qui, à terme, peut

1. Th. W. Adorno, *Negative Dialektik*, Francfort/Main, Suhrkamp, 2003, p. 159 ; trad.fr. G. Coffin *et al.*, *Dialectique négative*, Paris, Payot, 2001, p. 193.

2. Adorno, *Negative Dialektik*, *op. cit.*, p. 398 ; *Dialectique négative*, *op. cit.*, p. 490. Pour une analyse plus détaillée du rapport Adorno/Hegel, voir notamment J.-F. Kervégan, « Rendre Adorno à Hegel », dans I. Aubert et K. Genel (dir.), *Adorno. Dialectique et négativité*, Paris, Vrin, 2022, p. 25-33.

conduire à affirmer que « l'*Aufklärung* est totalitaire »[1]. Je ne conteste pas qu'il puisse exister une violence symbolique, ni qu'un usage dévoyé de la raison puisse, par un « retournement de la lumière en ténèbres »[2], altérer notre perception du sens intègre du monde ; je ne nie pas non plus la contrainte exercée sur la pensée par la raison instrumentale (Horkheimer), une raison vouée à la déraison par l'oubli de sa vocation émancipatoire, et dont les effets sont parfois plus néfastes que ceux de la violence physique. Mais il convient de garder présent à l'esprit qu'une telle violence n'intervient que de façon dérivée, à l'appui de formes de domination et de subordination dont ni la raison, ni le langage ne sont la source ultime. En tout cas, on ne peut critiquer radicalement la violence symbolique et la raison instrumentale qu'à l'aide des instruments qu'offre une raison réassurée de son pouvoir critique, car « la pensée est la servante à laquelle le maître ne peut pas faire barrage comme bon lui semble »[3]. Pour appréhender conceptuellement la violence, il convient selon moi de partir de ses manifestations immédiates, physiques, sociales ou politiques. La question de la violence est *d'abord* une question politique ou juridico-politique, avant d'être (éventuellement) une question linguistique (la « violence de genre » portée par l'usage commun

1. M. Horkheimer, Th. W. Adorno, *Dialektik der Aufklärung*, Francfort/Main, Suhrkamp, 2003, p. 22 ; *La dialectique de la raison*, trad. fr. É. Kaufholz, Paris, Gallimard, 1974, p. 24 (trad. modifiée).

2. M. Horkheimer, *Notes critiques*, trad. fr. S. Cornille et P. Ivernel, Paris, Payot & Rivages, 1993, p. 187.

3. M. Horkheimer, Th. W. Adorno, *Dialektik der Aufklärung*, *op. cit.*, p. 54 ; *La dialectique de la raison*, *op. cit.*, p. 52 (trad. modifiée).

des mots), herméneutique ou métaphysique. Quant à la violence « transcendantale » ou « ontologique » qu'exercerait en tant que tel le *logos* philosophique (ces expressions sont de Derrida commentant Lévinas et Heidegger[1]), je la laisse prudemment entre guillemets, sans oublier bien sûr que la raison a constamment besoin de se citer elle-même au tribunal de la critique, comme disait Kant. En effet, seule la raison peut critiquer efficacement la raison – Horkheimer et Adorno l'avaient compris –, et s'efforcer ainsi, en pleine conscience du risque qu'encourt tout discours insuffisamment rationnel de tomber sous le coup de tels soupçons, de n'être ni dominatrice, ni de classe, ni genrée.

Puisque le droit est censé définir le cadre normatif de l'action, il convient pour réfléchir à la violence de s'interroger sur le rapport de la violence et du droit. De prime abord, ce rapport est de contradiction, et c'est sur ce constat que s'est basée la philosophie politique moderne, en particulier la théorie du droit naturel en ses diverses déclinaisons. La violence étant en rupture avec toute forme de normativité, elle est par définition l'envers du droit; le but de celui-ci est précisément d'empêcher ou de restreindre l'usage anarchique de la violence anomique grâce au « monopole de la violence [ou de la contrainte] légitime » confié à une instance spécifique, l'État[2]. Pourtant, le rapport entre violence et droit est plus complexe et plus inquiétant que ce que l'on admet souvent. C'est ce qu'ont déjà noté, avant Hegel,

1. Voir J. Derrida, « Violence et métaphysique », dans *L'écriture et la différence*, *op. cit.*, p. 173 *sq.*

2. M. Weber, *Wirtschaft und Gesellschaft*, éd. J. Winckelmann, Tübingen, J. C. B. Mohr, 1980, p. 29-30 et 514-519; trad. fr. É. de Dampierre *et al.*, *Économie et société*, Paris, Plon, 1971, p. 57-58.

des penseurs comme Hobbes et Spinoza. Le droit a certes pour mission de circonscrire, sinon d'éliminer, le recours à la violence ; mais il provient aussi d'elle en un sens, dans la mesure où il actualise le même *conatus* qui peut aussi aboutir à la violence déchaînée[1]. Si l'état de nature n'était pas le théâtre d'une guerre de chacun contre chacun, si le droit naturel de chacun à préserver son être ne s'étendait pas, du fait de la logique des passions, en un *jus in omnia*, pourquoi le « grand et puissant Léviathan », ce Dieu mortel, existerait-il[2] ? La puissance de l'État, attribut premier de sa souveraineté, est le remède à la violence de l'état de nature, mais elle en porte aussi l'écho en elle. Cela ne signifie pas que le droit doive être pensé à partir de la violence – Hegel le conteste expressément, on va le voir ; mais il ne peut non plus être pensé en faisant abstraction d'elle, puisqu'il en est de quelque façon issu.

C'est aussi ce que suggère Walter Benjamin dans l'essai *Zur Kritik der Gewalt*. Il considère que certaines formes (« fondatrice », « conservatrice », « mythique ») de violence sont inhérentes au droit qui, en ce sens, aurait quelque chose d'irrémédiablement « pourri » (*etwas Morsches*[3]) ; et il en appelle, contre ce genre de

1. Spinoza, Lettre 50 (à Jarig Jelles), trad. fr. Ch. Appuhn, Paris, GF-Flammarion, , 1966, p. 283 : « je n'accorde, dans une cité quelconque, de droit au souverain sur les sujets que dans la mesure où, par la puissance, il l'emporte sur eux ».

2. Hobbes, *Leviathan*, chap. 17, London, Penguin Books, 1988, p. 227-228 ; trad. fr. F. Tricaud, *Léviathan*, Paris, Sirey, 1971, p. 177-178.

3. W. Benjamin, *Zur Kritik der Gewalt*, in *Gesammelte Schriften*, Band II-1, Francfort/Main, Suhrkamp, 1991, p. 18 ; trad. fr. R. Rochlitz *et al.*, *Critique de la violence*, dans *Œuvres* I, Paris, Gallimard (Folio), 2000, p. 223 (trad. modifiée).

violence, à une « violence divine » qui nous libèrerait « non pas d'une faute, mais du droit »[1]. L'horizon du droit, même pensé comme promesse d'une justice à venir, est ce dont il faut se libérer, ce dont il convient de prononcer – ultime recours au vocabulaire juridique – la « destitution » (*Entsetzung*[2]). Telle est la mission de la « violence divine », une violence qui n'est ni fondatrice, ni conservatrice, mais « destructrice du droit » (*rechts-vernichtend*[3]). La violence révolutionnaire, puisque c'est de cela qu'il s'agit, ne doit pas être considérée comme un moyen en vue d'une fin, mais comme un agir ayant sa fin en lui-même, comme une *praxis* pure; ou bien encore, ce qui revient au même, comme un moyen sans fin[4]. La radicalité de la violence sacrée, qui la distingue des figures précédentes, est qu'elle libère ses acteurs de la perspective d'un bon ordre à instaurer ou à restaurer. C'est ainsi que peut se comprendre l'ultime phrase, oraculaire, du texte :

> La violence divine, qui est insigne et sceau, non point jamais moyen d'exécution sacrée, peut être appelée souveraine (*waltende*[5]).

1. W. Benjamin, *Zur Kritik der Gewalt*, *op. cit.*, p. 200; *Critique de la violence*, *op. cit.*, p. 238.

2. *Ibid.*, p. 202; trad. fr. p. 242.

3. *Ibid.*, p. 199; trad. fr. p. 238.

4. Voir en ce sens G. Agamben, *Homo Sacer. Le pouvoir souverain et la vie nue*, trad. fr. M. Raiola, Paris, Seuil, 1997, p. 73-76, et *Moyens sans fins. Notes sur la politique*, trad. fr. D. Valin, Paris, Payot, 1995, p. 71 et 129-130 (« médialité pure »).

5. W. Benjamin, *Zur Kritik der Gewalt*, *op. cit.*, p. 203; *Critique de la violence*, *op. cit.*, p. 243. Le vocabulaire de la souveraineté, qui a partie liée avec le droit et l'État, est inadéquat dans ce contexte; il vaudrait mieux parler de violence « régnante », en se rappelant que le verbe utilisé (*walten*) est la racine du mot *Gewalt*.

Malgré le respect que j'éprouve pour Benjamin, je veux croire qu'il est possible de sortir de ce qu'il nomme le « cercle magique » de la violence et du droit autrement que par une mystique de la violence sacrée dont le *pedigree* demeure inquiétant; on peut le voir chez Georges Sorel lorsqu'il oppose à la force, qui tend à « imposer l'organisation d'un certain ordre social dans lequel une minorité gouverne », la violence, qui « tend à la destruction de cet ordre »[1]. Benjamin écrit que « la violence divine est violence pure exercée en faveur du vivant contre toute vie »[2]. Pour ma part, je considère qu'il vaut mieux confier au droit, même s'il est « pourri » – il est bien certain que le droit ne sera jamais pur –, la défense *des* vies, et s'interroger sur les moyens de sortir du cercle mortifère que décrit Benjamin. Ce n'est pas qu'il faille refuser à la violence toute dignité théorique et toute efficacité pratique, alors qu'elle règne partout où la reconnaissance, en un sens très général, n'a pas encore ou n'a plus cours. Si la violence est là, autrement dit si l'on se trouve dans quelque chose comme un état de nature, ce qui est une possibilité toujours ouverte, il n'est sans doute pas d'autre moyen que la violence pour y mettre fin – et il faut y mettre fin : on doit sortir de l'état de nature (*exeundum e statu naturae*[3]). Ce que Hegel nomme emphatiquement le « *droit des héros* à fonder des États » (*Grundlinien*, § 350, p. 277; *PPD*, p. 549)

1. G. Sorel, *Réflexions sur la violence*, 10e éd., Paris, Marcel Rivière, 1946, p. 257.

2. W. Benjamin, *Zur Kritik der Gewalt*, *op. cit.*, p. 200; *Critique de la violence*, *op. cit.*, p. 238-239.

3. Hobbes, *De Cive*, chap. I, § 13; trad. fr. P. Crignon, *Du citoyen*, Paris, GF-Flammarion, 2010, p. 105 : « par la crainte que nous avons les uns des autres, nous croyons devoir sortir de cet état [de nature] et chercher à obtenir des associés ».

est la désignation du fait extra-normatif, anomique, qui institue le *nomos*. Je crois donc opportun d'examiner la manière dont Hegel met en lumière les aspects contradictoires du rapport entre violence et droit, quitte à accepter que sa pensée donne lieu à des usages profondément divergents, conformément à la vieille idée du « double visage » qu'elle présenterait.

VIOLENCE ET PUISSANCE : DU DESTIN AU DROIT

Que faut-il entendre exactement par violence (*Gewalt*) en contexte hégélien, et qu'est-ce qui distingue, conceptuellement, la violence de la contrainte (*Zwang*), ou encore de la force (*Kraft*) et de la puissance (*Macht*) ? Qu'est-ce qui, éventuellement, les relie au droit ? C'est la *Science de la Logique* qui fournit les indications les plus précises à ce propos. La violence est « *le phénomène de la puissance*, ou *la puissance comme quelque chose d'extérieur* » (*WdL* 2, p. 405 ; *SL* 2, p. 221) ; dans la configuration métaphysique dualiste que la *Doctrine de l'essence* s'efforce de déconstruire, la violence caractérise tout d'abord l'action externe et unilatérale d'une substance « active » sur une autre substance, « passive ». Mais, en réalité, il n'y a violence que pour autant que ce qui la subit était destiné à la subir :

> La substance passive est, par la violence, seulement *posée* comme ce qu'elle est *en vérité*. […] À la substance passive, c'est donc, par l'action sur elle d'une violence autre, seulement son droit qui est accordé. […] Ce qu'elle *reçoit* comme quelque chose d'*étranger* […] est sa détermination propre. (*WdL* 2, p. 406 ; *SL* 2, p. 222)

Autrement dit, la violence ne peut être seulement comprise comme un destin qui surviendrait de l'extérieur, et à la puissance duquel il serait impossible d'échapper ; d'une manière ou d'une autre, elle a toujours en cela même qui la subit sinon sa cause, du moins le facteur favorisant son déclenchement. La violence traduit, ou du moins révèle, la contradiction qui affecte sa cible. Elle ne peut être conçue comme une relation univoque, dans laquelle l'un agit et l'autre pâtit. Elle est véritablement une *relation*, c'est-à-dire que chaque terme y entretient un certain rapport avec soi-même dans et par le rapport qu'il a avec son autre.

La *Logique du concept* affine cette définition. Au cours de l'examen du « procès mécanique réel », Hegel précise comment il faut entendre le rapport entre puissance (*Macht*) et violence (*Gewalt*). La puissance qui s'exerce sur un objet (qui peut aussi être une personne ou un ensemble de personnes) devient violence lorsqu'elle n'exprime pas « la propre relation à soi » de cet objet, raison pour laquelle elle apparaît comme un « destin » (*Schicksal*) qu'il subit (*WdL* 3, p. 141 ; *SL* 3, p. 185). Les implications juridico-politiques du propos sont importantes : l'exercice d'une puissance ou d'un pouvoir n'est pas par lui-même un facteur d'aliénation, aussi longtemps qu'il ne violente pas la « nature » de ceux sur qui ce pouvoir s'exerce ; mais la puissance devient une violence, un « destin aveugle », lorsqu'elle apparaît comme une intrusion brutale, étrangère à cette nature, à proprement parler aliénante. Cette conception de la violence se retrouve, dans le chapitre sur la téléologie de la *Logique du concept*, lors de l'analyse du rapport entre fin et moyen. Il y a violence lorsque l'activité orientée en vue d'un certain *telos* impose à un objet de servir un but qui est « d'une tout autre nature » que la sienne. En revanche, lorsqu'un autre objet – un outil, par exemple – est intercalé entre le but et l'objet sur lequel porte l'activité, on n'a plus affaire à une violence, mais à une « *ruse* de la raison » qui consiste à substituer une relation médiate à la confrontation immédiate, en cela même violente, des buts subjectifs avec l'objectivité : « La raison est aussi rusée (*listig*) que puissante (*mächtig*) » (*Enzykl*, § 209 Zusatz, *GW* 23-3, p. 951 ; *Encycl* 1, p. 614 ; voir également *WdL* 3, p. 165-66 ; *SL* 3, p. 216). La violence est donc le propre d'une puissance s'exerçant, contrairement aux préceptes d'une raison « rusée », brutalement : *sans médiation(s)*. Et Hegel conclut cette analyse opposant violence et ruse de la raison par un éloge de la « puissance » de la technique : « En ses outils, l'homme possède la puissance disposant de la nature extérieure, même si, suivant ses buts, il lui est bien plutôt soumis » (*WdL* 3, p. 166 ; *SL* 3, p. 217, trad. fr. modifiée).

C'est l'occasion de rappeler que le terrain d'origine de la thématique (trop) bien connue de la ruse de la raison n'est pas la philosophie de l'histoire, comme on le croit souvent, mais bien la réflexion de Hegel sur le travail et la technique, qui elle-même est reliée – ce qui n'est pas sans poser problème – à celle qui porte sur la reconnaissance et le combat pour la reconnaissance[1]. Les passages consacrés au travail dans les manuscrits

1. Voir à ce sujet les études classiques de Jürgen Habermas, « Travail et interaction », dans *La technique et la science comme « idéologie »*, trad. fr. J.-R. Ladmiral, Paris, Gallimard, 1973, p. 163 *sq.*, et d'Axel Honneth, *La lutte pour la reconnaissance*, chap. II et III, trad. fr. P. Rusch, Paris, Cerf, 2007, p. 19 *sq.*

d'Iéna soulignent fortement l'ambiguïté constitutive de l'activité laborieuse, particulièrement manifeste dans ses formes modernes. 1) Grâce à l'outil, le travail est une « ruse » qui, en « laissant la nature s'user » au lieu « d'attraper des ampoules » (*PhiGeist* 2, p. 206-207; *Esprit*, p. 33-34), est un puissant vecteur d'universalisation, donc un laboratoire de la rationalité procédant de la culture des aptitudes de l'*homo laborans* : « L'instrument est le moyen terme rationnel et existant » (*PhiGeist* 1, p. 300; *Premier système*, p. 81). Le travail est aussi, par là-même, un facteur décisif de socialisation, générateur de pratiques communicationnelles plus ou moins réussies. Inutile de souligner ce qu'a alors d'original cette idée d'une culture pratique ou matérielle, irréductible à la dimension purement cognitive du savoir; elle est une composante essentielle du « dur travail » de la culture dont les *Principes de la philosophie du droit* proclameront la « valeur infinie » (*Grundlinien*, § 187 Anm., p. 164; *PPD*, p. 356). 2) Mais le travail est *aussi* un facteur possible d'aliénation : en dépossédant ses agents de la puissance inventive que peut comporter l'activité artisanale, en les condamnant à exercer des travaux « abrutissants, insalubres, dangereux, et qui restreignent l'habileté » (*PhiGeist* 2, p. 244; *Esprit*, p. 74; voir *Sittlichkeit*, p. 297; *Vie éthique*, p. 130), le travail moderne, industriel ou préindustriel, les soumet à la domination, potentiellement violente, des techniques et de ceux qui s'en sont rendus maîtres; le travail devient ainsi « un destin inconscient, aveugle » s'exprimant à travers la logique implacable du système des besoins, autrement dit du marché (*Sittlichkeit*, p. 351 ; *Vie éthique*, p. 189).

Selon que prévaut l'une ou l'autre dimension, la *Sittlichkeit* (je reviendrai dans la suite sur ce concept qui a un rôle stratégique dans les écrits d'Iéna, mais dont la signification va s'infléchir ultérieurement) sera le lieu d'une reconnaissance mutuelle des consciences singulières, dont chacune « n'est qu'en tant que reconnue » au sein de « l'éther » qu'est pour elles « l'esprit d'un peuple » (*PhiGeist* 1, p. 315; *Premier système*, p. 96), ou au contraire le théâtre d'une aliénation pouvant se traduire par des formes de « dépendance aveugle » (*PhiGeist* 1, p. 324; *Premier système*, p. 105). La violence de l'exploitation (de la nature par l'homme et de l'homme par l'homme) est ainsi, paradoxalement, l'envers de la reconnaissance mutuelle des sujets éthiques, chacune des deux étant comme l'image négative de l'autre.

Le développement que la *Phénoménologie de l'esprit* consacre à la relation entre domination (*Herrschaft*) et servitude (*Knechtschaft*) connecte les deux pans de l'analyse : celui qui inscrit l'accession à la conscience de soi dans l'horizon d'une reconnaissance à obtenir de la part d'autrui, et même d'un « autrui généralisé »[1], et celui qui explore les effets du travail asservi, tel qu'il est issu de la lutte primordiale, proprement mythique, des consciences en quête de leur identité respective. Cette expérience aboutit, comme on le sait, à un (double) échec. D'un côté, la reconnaissance « unilatérale et inégale » (*PhG*, p. 113; *PhE*, p. 208) qu'extorque le maître au serviteur à la suite de l'affrontement physique et symbolique au terme duquel le second fait le choix

1. Voir G. H. Mead, *Mind, Self, and Society*, Chicago, University of Chicago Press, 1972, p. 154; *L'esprit, le soi et la société*, trad. fr. D. Cefaï et L. Quéré, Paris, Puf, 2006, p. 223.

de la soumission n'est aucunement conforme au « pur concept de la reconnaissance », selon lequel il n'y a reconnaissance authentique que réciproque, lorsque les consciences « *se reconnaissent* comme *se reconnaissant réciproquement* » (*PhG*, p. 110 ; *PhE*, p. 203). De l'autre côté, le travail forcé accompli par le serviteur le dote sans doute d'une culture matérielle qui, parce qu'elle introduit des médiations entre le désir et sa satisfaction, indique la voie de la liberté : « Le travail [...] est un désir *réfréné*, un disparaître *enrayé*, ou encore : il *cultive* » (*PhG*, p. 115 ; *PhE*, p. 209, trad. fr. modifiée) ; mais, parce que ce travail est seulement « une habileté qui n'a de puissance que sur peu de choses », cette liberté « reste encore à l'arrêt à l'intérieur de la servitude » (*PhG*, p. 115-116 ; *PhE*, p. 211, trad. fr. modifiée). Elle n'a pas trouvé la forme institutionnelle de sa stabilisation qui, pour le Hegel de la maturité, sera d'abord juridique.

La liberté ne pouvait pas parvenir à cette forme juridique, d'ailleurs, tant le jugement de Hegel, dans ses écrits d'Iéna, est négatif à l'endroit de ce qu'il nomme le « système de la propriété et du droit » ; dans ce système – univers où se meuvent les représentations et les pratiques du « bourgeois », de l'homme qui se règle exclusivement sur son intérêt privé égoïste –, seule est possible, explique l'article sur le droit naturel, une « vie privée universelle », et non « la vie universelle » authentique combinant activisme civique (*politeuein*) et spéculation philosophique (*Naturrecht*, p. 455-457 ; *Droit naturel*, p. 63-66). Le code normatif du droit a sans doute sa sphère de validité, qui correspond au domaine des activités économiques, au « système des besoins » ; c'est une intuition que Hegel n'abandonnera pas lorsqu'il aura entrepris, en pensant la relation de présupposition réciproque de la société civile et de l'État, de réconcilier le bourgeois et le citoyen. Mais cette sphère « inférieure » n'a, dans les textes d'Iéna, aucune potentialité éthique propre, elle est vouée à la « nullité politique », et le droit (relatif) qui lui revient doit être, comme chez Platon, dont Hegel paraphrase ici *Le Politique*, puis *La République*, strictement délimité, voire « réprimé » (*bezwungen*), par « l'art royal » du politique (*Naturrecht*, p. 455, 458; *Droit naturel*, p. 64, 69). Et si le droit cherche à étendre son domaine au-delà des limites que lui assigne sa position inférieure, il devient une menace, voire une violence qui s'exerce au détriment de la qualité éthique du vivre-ensemble :

> Il est ridicule de tout vouloir considérer comme droit, sous la forme de cette abstraction : c'est quelque chose de totalement formel, a/ infini dans sa diversité, et a-total (*totalitätslos*), et b/ sans aucun contenu, en soi. (*Sittlichkeit*, p. 298; *Vie éthique*, p. 131).

Cette opposition stricte de la sphère éthico-politique et de la sphère juridico-économique s'atténue toutefois déjà dans la *Philosophie de l'esprit* de 1805-1806, qui ébauche ainsi ce qui sera la position du droit dans l'œuvre hégélienne de maturité. Certes, dans la continuité des écrits précédents et de la « nostalgie de la Grèce » qui s'exprimait en eux[1], le manuscrit loue « la belle et heureuse liberté des Grecs, qui fut et demeure si enviée » (*PhiGeist* 2, p. 262; *Esprit*, p. 93); mais il lui oppose désormais « le *principe supérieur des temps modernes* que les *Anciens*, que *Platon*, ne *connaissaient*

1. Voir J. Taminiaux, *La nostalgie de la Grèce à l'aube de l'idéalisme allemand*, La Haye, Nijhoff, 1967.

pas » (*PhiGeist* 2, p. 263 ; *Esprit*, p. 95). À quoi tient cette supériorité du monde moderne et du type d'éthicité qui lui est propre ? Bien que Hegel continue de distinguer (ce sera aussi le cas dans les *Principes de la philosophie du droit*) les « états inférieurs » du paysan, du bourgeois et du commerçant et « l'état de l'universalité » en charge de la vie publique, il observe que désormais la distinction du bourgeois et du citoyen, de l'homme du droit et de l'intérêt privé et de l'homme de la politique et de l'intérêt général, traverse chaque individu :

> Le même [individu singulier] prend soin de soi et de sa famille, travaille, conclut des contrats, etc., et de même il travaille aussi pour l'universel ; selon le premier aspect, il s'appelle **bourgeois** ; selon le second, **citoyen**. (*PhiGeist* 2, p. 261 ; *Esprit*, p. 92)

Dès lors, la « répression » de la sphère juridico-économique ne peut plus consister, comme c'était le cas dans l'article sur le droit naturel, à séparer (*abtrennen*) du monde lumineux, apollinien, de la politique les « puissances souterraines » du droit et de l'économie ; il s'agit désormais, à l'instar d'Athéna dans l'*Orestie*, de réconcilier ces deux mondes (*Naturrecht*, p. 458 ; *Droit naturel*, p. 70 [1]).

Cette réconciliation peut s'observer dans l'œuvre de maturité, où la position du droit n'est plus celle d'une « puissance » (*Macht*) menaçant constamment de faire violence aux intérêts éthiques supérieurs de la communauté et de l'individu. Sans doute l'effectivité du droit requiert-elle l'usage éventuel de la contrainte ou de la coercition (*Zwang*) ; mais celle-ci est désormais dissociée

1. Voir à ce propos C. Menke, *Recht und Gewalt*, Berlin, August Verlag, 2012, p. 20-34.

de la violence (*Gewalt*), ainsi que de la vengeance (*Rache*), alors que certains textes d'Iéna les associaient, comme le suivant :

> L'acte de reconnaître ma personne dans le contrat *me* fait justement valoir en tant que ce qui est là. [...] C'est justement ce que contredisent la contrainte et la violence, car dans mon être-là elles me lèsent. (*PhiGeist* 2, p. 232 ; *Esprit*, p. 61-62, trad. fr. modifiée)

Le droit est désormais avant tout « l'élément de l'être reconnu » (*PhiGeist* 2, p. 235 ; *Esprit*, p. 65), et non plus une puissance menaçant par sa rigidité l'intégrité éthique de la communauté et de l'individu. Comme le soulignent les *Principes de la philosophie du droit*, les actes juridiques fondamentaux, comme le contrat, présupposent une reconnaissance mutuelle des acteurs juridiques (les personnes), car on ne contracte pas avec un esclave, lequel de son côté ne peut avoir aucune obligation juridique envers son maître :

> Le contrat présuppose que ceux qui le passent se *reconnaissent* comme personnes et comme propriétaires ; puisqu'il est un rapport de l'esprit objectif, le moment de la reconnaissance est déjà contenu et présupposé en lui. (*Grundlinien*, § 71 Anm., p. 76 ; *PPD*, p. 223)

Même dans le passage contenant les jugements les plus critiques à l'endroit du « formalisme du droit », à savoir la section « L'état du droit » du chapitre VI de la *Phénoménologie de l'esprit*, ce n'est pas à ce formalisme ni à son corrélat, la « forme vide » qu'est la personnalité juridique abstraite, qu'est imputée une « violence destructrice », mais à ce qui, précisément, se tient en dehors et au-dessus de ce « terrain sans essence » qu'est l'état de droit (comprenons : l'état de droit *privé*) ;

confronté à la puissance sans limites du « maître du monde », à la « personne absolue » qu'est l'empereur, le droit ne fait que révéler son « formalisme », son « manque de substance » (*PhG*, p. 260-264; *PhE*, p. 414-419). À l'issue du processus de « réconciliation avec le temps » dans lequel s'est engagé Hegel, le terrain d'une appréhension pacifique du droit est dégagé, au moins en apparence. Mais la violence, c'est-à-dire, selon la définition que j'ai proposée, l'exercice d'une puissance sans médiations, reste présente aux marges du droit, en-deçà et au-delà de l'ordre normatif qu'il institue.

LA VIOLENCE CONJURÉE PAR LE DROIT

À la différence des écrits antérieurs à la *Phénoménologie de l'esprit*, l'œuvre hégélienne de maturité paraît à première vue s'appuyer sur le schéma classique, décrit ci-dessus à gros traits, selon lequel violence et droit sont antithétiques. Dès lors qu'existe un ordre juridico-politique, c'est-à-dire, pour employer la terminologie classique, une fois opérée la sortie (requise) de l'état de nature[1], la violence est normativement, sinon factuellement exclue : « la violence ou coercition est, prise abstraitement, contraire au droit » (*Grundlinien*, § 92, p. 88; *PPD*, p. 243). Mais pourquoi Hegel, en faisant d'ailleurs une réserve (« prise abstraitement »), identifie-t-il coercition et violence? Premier élément de réponse : puisque le droit en général, le droit abstrait (privé) en particulier, est « *l'être-là* de la *volonté libre* »

1. Voir Kant, *Rechtslehre*, § 41, *AA* VI, p. 306; *Doctrine du droit*, p. 119-121; et bien sûr le passage déjà cité de Hobbes, *De Cive*, chap. I, § 13; *Du citoyen*, p. 105.

(*Grundlinien*, § 29, p. 45 ; *PPD*, p. 174) – une liberté qui, certes, ne doit pas être pensée selon les canons de la pensée d'entendement, puisqu'elle consiste, selon sa définition spéculative, à être auprès de soi dans l'altérité –, la coercition n'a pas sa place dans l'espace juridique. C'est le sens de la distinction que fait Hegel entre *zwingen* (contraindre) et *bezwingen* (dompter, réprimer) :

> En tant que vivant, l'homme peut bien être *dompté*, c'est-à-dire que son aspect physique et le reste de son aspect extérieur sont placés sous le pouvoir d'autrui, mais la volonté libre ne peut, en et pour elle-même, être *contrainte* (§ 5) que dans la mesure où *elle ne se retire pas* (§ 7) *elle-même de l'extériorité* en laquelle elle est retenue, ou de la représentation de celle-ci. Ne peut être contraint à quelque chose que celui qui *veut* se laisser *contraindre*. (*Grundlinien*, § 91, p. 88 ; *PPD*, p. 242)

Entendue *stricto sensu*, la coercition (*Zwang*) est une violence. Elle répond d'ailleurs à la définition que j'ai empruntée à Aristote : est violent ce qui contraint une chose à dévier de sa trajectoire, au sens propre ou figuré. Seule une volonté qui n'est pas conforme à son concept, une volonté qui a en quelque sorte fait le choix de la non-liberté et abdiqué sa rationalité immanente, une volonté faite d'un bois tordu, comme dit Kant[1], peut exercer ou subir une telle violence. La volonté libre, elle, ne peut être contrainte, car elle serait alors privée

1. Kant, *Idee zu einer allgemeinen Geschichte in weltbürgerlicher Absicht*, *AA* VIII, p. 23 ; « Idée d'une histoire universelle au point de vue cosmopolitique », trad. fr. S. Piobetta (modifiée), dans *Opuscules sur l'histoire*, Paris, GF-Flammarion, 1990, p. 78.

de l'autonomie rationnelle qui fait d'elle une volonté objective, incorporée dans les actes[1].

Mais la coercition peut aussi être entendue de manière différente : comme une pression institutionnelle qui s'exerce sur une volonté qui a dévié de son cours pour la ramener à la rationalité, c'est-à-dire à elle-même. De ce point de vue, coercition et violence ne peuvent être confondues. Hegel les distingue d'ailleurs soigneusement au cours de l'analyse qu'il fait du non-droit (*Unrecht*), et en particulier du crime et du châtiment. Le crime (*Verbrechen*) est une violence qui « lèse le droit en tant que droit » (*Grundlinien*, § 95, p. 89 ; *PPD*, p. 245) ; en effet, au-delà de la victime, il porte atteinte à la personnalité elle-même, qui est le support des droits (*Grundlinien*, § 36, p. 52 ; *PPD*, p. 183). La « coercition première » que représente ce type d'acte appelle, en quelque sorte, une contre-violence :

> L'exposition réelle *de ce* que la coercition se détruit dans son concept réside dans le fait *que la coercition est abolie par la coercition* ; par conséquent, ce n'est pas seulement de façon conditionnée, mais de façon nécessaire, qu'elle est conforme au droit – à savoir en tant que coercition *seconde*, qui est un acte d'abolir une première coercition. (*Grundlinien*, § 93, p. 88 ; *PPD*, p. 243)

Or cette coercition seconde n'est précisément pas une violence mais un *droit* coercitif (*Zwangsrecht*), car elle procède seulement à l'*Aufhebung* d'une violence

1. Voir Hegel, *Grundlinien*, § 26, p. 44 ; *PPD*, p. 172 (volonté objective) ; § 29 Anm., p. 45 ; *PPD*, p. 174-175 (volonté rationnelle) ; § 258 Anm., p. 203 ; *PPD*, p. 418 (volonté objective = volonté rationnelle).

antécédente ; elle est « conservatrice », pour employer le vocabulaire de Benjamin, mais sans la connotation négative qu'a ce mot chez ce dernier[1] ; on pourrait dire aussi : réparatrice. Cette conception du châtiment exprime un choix en matière de philosophie pénale. Contre la théorie psychologique de la prévention (la représentation de la peine ferait reculer le futur criminel), et contre les théories mélioristes qui considèrent que le but de la peine est sa régénération morale ou sa réinsertion sociale, Hegel adopte une conception ouvertement rétributiviste : « L'abolition du crime est une *rétribution*, dans la mesure où elle est, selon son concept, lésion de la lésion » (*Grundlinien*, § 101, p. 93 ; *PPD*, p. 251).

Cette conception faisant de la peine, en tant que réplique à une violence exercée à l'encontre de la liberté, « le rétablissement du droit » (*Grundlinien*, § 99, p. 91 ; *PPD*, p. 248), fait cependant difficulté lorsqu'on examine ses formes les plus sévères, ce qui est bien entendu le cas de la peine de mort. Hegel n'ignore rien des arguments abolitionnistes formulés, à la suite de Beccaria, par les juristes allemands « éclairés ». Mais il considère d'une part qu'ils relèvent comme chez Beccaria d'une conception contractualiste erronée de l'État[2], d'autre part qu'ils méconnaissent la finalité même du châtiment. Selon lui, punir, c'est sans doute restaurer le droit objectif en annulant la violence que constitue sa violation, ce que fait d'une certaine manière aussi la vengeance ; on y reviendra au chapitre quatre. Mais c'est surtout rétablir

1. Voir W. Benjamin, *Zur Kritik der Gewalt*, *op. cit.*, p. 189-190 ; *Critique de la violence*, *op. cit.*, p. 223-225.

2. C. Beccaria, *Des délits et des peines*, § III, trad. fr. P. Audegean, Lyon, ENS Editions, 2009, p. 153.

ce qui fait du criminel un véritable sujet de droit, sa personnalité, qu'il a *lui-même* lésée en portant atteinte à la vie d'autrui :

> La lésion que subit le criminel n'est pas seulement juste *en soi*, – en tant que juste, elle est en même temps sa volonté qui est *en soi*, un être-là de sa liberté, elle est *son* droit ; mais elle est aussi un *droit à même le criminel* lui-même, c'est-à-dire un droit *posé* dans sa volonté *étant-là*, dans son action. En effet, dans son action, en tant qu'elle est celle d'un *être-rationnel*, réside le fait qu'elle est quelque chose d'universel, que par elle est établie une loi qu'il a reconnue pour elle-même en elle, donc sous laquelle il peut être subsumé comme sous le droit qui est *le sien*. (*Grundlinien*, § 100, p. 92-93 ; *PPD*, p. 250)

Naturellement, cette conception de la peine comme rétablissement du droit subjectif du coupable lui-même (« le droit qui est le sien ») nous semble exorbitante ; mais c'est parce que la conception métaphysique du droit élaborée par Hegel nous est, à maints égards, devenue étrangère, et à tout le moins difficilement intelligible. Cette conception engage l'idée selon laquelle le châtiment, même le plus sévère, ne doit pas être considéré comme une violence exercée de l'extérieur, par « la société », à l'encontre d'une volonté empirique récalcitrante, « irrécupérable », mais comme une exigence interne de mise en conformité du vouloir – un vouloir qui est toujours inscrit dans des actes – avec son propre concept, avec l'idée de volonté libre et rationnelle.

La violence, « avant » et « après » le droit

Si le but, ou l'un des buts, de l'entreprise hégélienne est bien de dissocier droit et violence, celle-ci subsiste pourtant bien aux marges de l'ordre juridique. Tout d'abord, elle lui fait constamment face sous la forme de la violation du droit (*Unrecht*) qui réduit ce dernier à n'être qu'une « apparence » (*Schein*) et provoque la réponse coercitive du système juridique (*Grundlinien*, § 82, p. 85 ; *PPD*, p. 239). Mais la violence est aussi ce dont provient historiquement le droit, ce contre quoi il a été institué, en même temps que l'ordre politique. Une Addition de l'*Encyclopédie* établit d'ailleurs un rapport explicite entre la violence du combat « préhistorique » pour la reconnaissance et ce qu'on nomme classiquement l'état de nature, et souligne ce qui différencie de ce dernier l'ordre social et politique constitué, à savoir l'effectivité et la réciprocité de la reconnaissance :

> Pour prévenir les malentendus éventuels [...] nous avons ici à faire remarquer que le combat pour la reconnaissance, sous la forme poussée à l'extrême qui a été indiquée, ne peut avoir lieu que dans l'*état de nature*, où les hommes sont seulement en tant qu'individus singuliers ; que, par contre, il se situe loin de la société civile et de l'État, parce que, ici même, ce qui constitue le résultat d'un tel combat, à savoir l'être reconnu, est déjà présent. Car, bien que l'État puisse *naître* aussi par la *violence*, il ne repose pourtant pas sur elle ; la violence a seulement amené à l'existence, en le faisant naître, quelque chose qui est fondé en droit en soi et pour soi, les lois, la constitution. (*Enzykl*, § 432 Zusatz, *GW* 25-2, p. 1079 ; *Encycl* 3, p. 533)

Donc, si elle est bien l'*origine* du droit et de l'État, la violence, qui est par nature anomique, ne peut en être la raison d'être ou le *principe* :

> Le combat pour la reconnaissance et la soumission à un maître sont le *phénomène* au sein duquel a surgi la vie en commun des hommes, comme un commencement des États. La *violence* qui, dans ce phénomène, est le fondement, n'est pas pour autant le fondement du *droit*, bien que ce soit le moment *nécessaire* et *justifié* dans le passage de l'*état* de la conscience de soi enfoncée dans le désir et la singularité à l'état de la conscience de soi universelle. C'est là le *commencement* extérieur, ou le *commencement apparaissant*, des États, non leur *principe substantiel.* (*Enzykl* 3, § 433 Anm., p. 431 ; *Encycl* 3, p. 231, trad. fr. modifiée)

Plus clairement que la soi-disant « dialectique du maître et de l'esclave » de la *Phénoménologie de l'esprit*, l'*Encyclopédie* souligne donc le caractère pré-politique, pré-juridique et, littéralement, préhistorique, mais néanmoins *nécessaire*, du combat pour la reconnaissance où les individus « veulent s'extorquer de vive force la reconnaissance » (*Enzykl*, § 432 Zusatz, *GW* 25-2, p. 1080 ; *Encycl* 3, p. 533) : ce combat ne peut avoir lieu que « avant le commencement de l'histoire effective » (*Grundlinien*, § 349 Anm., p. 277 ; *PPD*, p. 549). En effet, si l'existence d'une communauté politique n'a lieu que sur fond de reconnaissance mutuelle des individus-citoyens, base d'un sentiment de co-appartenance, un affrontement au cours duquel l'une des parties contraint l'autre à se soumettre (au moyen d'une violence physique ou symbolique) ne peut avoir lieu que dans un contexte extrapolitique. Mais en quoi la violence de ce combat est-elle un « moment nécessaire et justifié » ? Elle l'est parce que seule la violence (dont résulte la « soumission à un maître ») est susceptible d'interrompre le cycle indéfini et stérile de la violence « naturelle ». On rencontre ici la thématique du « droit des héros », plusieurs fois évoqué dans les *Principes de la philosophie du droit*[1] : le « droit » du héros fondateur (Thésée en est le paradigme) consiste à mettre par la violence un terme à la violence de l'état de nature (dont la réalité est évidemment contrefactuelle), créant ainsi les conditions d'une reconnaissance qui ne soit plus extorquée et unilatérale, donc inauthentique, mais réciproque, donc juridique et politique. À vrai dire, ce droit *infra-juridique* du héros fondateur n'est pas à proprement parler un droit : c'est un fait (mythique, mais qu'importe) créateur de droit. Ainsi, la violence, que la philosophie politique classique (et Hegel jusqu'à un certain point) s'emploie à expulser du droit, demeure sa condition marginale d'effectivité ; elle est cette violence instauratrice ou instituante (*rechtssetzende*) que Benjamin associe, peut-être à tort, à la violence conservatrice[2].

Une autre forme de violence, plus proche en un sens de la « violence divine » dont parle Benjamin, se situe au-delà du droit : il s'agit de la violence *trans-juridique* qui opère sur le terrain de l'histoire du monde, et qui scande la succession apparemment chaotique des civilisations dominantes. Ici aussi, le rapport entre droit et violence est complexe. La violence est omniprésente

1. *Grundlinien*, § 93 Anm., p. 88 ; *PPD*, p. 244 ; § 167 Anm., p. 149 ; *PPD*, p. 334 ; § 350, p. 277 ; *PPD*, p. 549. Voir également *PPD*, § 93 Addition, p. 635.

2. W. Benjamin, *Zur Kritik der Gewalt*, *op. cit.*, p. 187-190 ; *Critique de la violence*, *op. cit.*, p. 220-225.

dans l'histoire – Marx dira qu'elle en est l'accoucheuse (*Geburtshelfer*[1]) –, et cette histoire, l'histoire *du monde*, sacrifie impitoyablement ses acteurs successifs, devenus « dépourvus de droit » (*rechtlos*) après avoir disposé pour un temps d'un « droit absolu » en tant que vecteurs provisoires de la « tâche de l'esprit du monde » (*Grundlinien*, § 344 et 347, p. 275-276; *PPD*, p. 545 et 547). Mais, *pour le philosophe et pour lui seul*, cette violence historique est au service non de la « nécessité abstraite et dépourvue de raison d'un destin aveugle », mais de la raison et de la liberté creusant leur chemin dans les méandres de l'histoire (*Grundlinien*, § 342, p. 274 ; *PPD*, p. 543) ; c'est pourquoi l'ouvrage de l'esprit peut s'énoncer dans le langage du droit, même si le détenteur ultime de ce droit – l'esprit du monde – n'a d'existence que sous le regard extra-historique du philosophe qui décèle la lumière de l'esprit dans le labeur tortueux de la « brave vieille taupe » d'*Hamlet* (acte I, sc. 5), lequel cesse par là-même d'être un destin aveugle (*HP* 7, p. 2112)[2].

1. Voir K. Marx, *Das Kapital*, Buch I, MEGA II-10, Berlin, Dietz, 1991, p. 674; trad. fr. J.-P. Lefebvre *et al.*, *Le Capital*, livre I, Paris, Éditions Sociales, 2016, p. 725 : « La violence est l'accoucheuse de toute vieille société grosse d'une société nouvelle ». L'expression est reprise par Engels dans l'*Anti-Dühring*. – Sur les ambiguïtés de la conception marxienne de la violence, voir É. Balibar, *Violence et civilité*, Paris, Galilée, 2010, notamment p. 99 *sq.* et 251 *sq.*

2. L'image sera reprise par Marx dans *Le dix-huit Brumaire de Louis Bonaparte*, Paris, Éditions Sociales, 1969, p. 124.

BILAN

L'auteur des *Grundlinien der Philosophie des Rechts*, qui prenait la violence au sérieux, n'a pas écrit, contrairement à Walter Benjamin, une *Critique de la violence*. Au demeurant, le Hegel de la maturité ne récuse pas le jugement proféré dans son manuscrit de jeunesse sur la *Constitution de l'Allemagne*, selon lequel les hommes ont tort de négliger, par idéalisme, « la vérité qui gît au fond de la puissance » (*Reichsverfassung*, p. 103 ; *La constitution de l'Allemagne*, p. 95). Mais, précisément, la puissance ou le pouvoir (*Macht*) n'est pas la violence, car la puissance, que ce soit celle du droit, de l'État ou même de l'esprit du monde, a toujours partie liée avec la rationalité, de par les médiations qu'elle met en œuvre. La violence est une puissance s'exerçant de façon « destinale », car sans médiations ; elle est, à cet égard, rebelle à la rationalité – ce dont Benjamin aurait convenu, s'agissant de la violence « divine », précisément en tant qu'elle est « destructrice du droit »[1]. Mais la position de Hegel est plus complexe que cela : si la violence – celle de l'état de nature ou celle de la guerre totale – est irrationnelle, elle peut aussi, en se retournant en quelque sorte contre elle-même, ouvrir la voie à sa propre négation, œuvrer à sa propre *Aufhebung*. Rien d'autre, pourrait-on croire, qu'une reprise d'une idée fort ancienne : *discordiā concors*, la concorde par la discorde. Mais il y a plus : la violence, telle qu'elle est illustrée par le (non)-droit des héros, n'ouvre pas seulement la voie à la paix (qui peut aussi être celle des

1. W. Benjamin, *Zur Kritik der Gewalt*, *op. cit.*, p. 199 ; *Critique de la violence*, *op. cit.*, p. 238.

cimetières), mais aussi à l'espace des normes juridiques et politiques. La fiction commode du « droit du premier occupant », si vigoureusement dénoncée par Rousseau[1], peut aussi être entendue comme une parabole illustrant cette constitution du droit dans et par ce qui le contredit radicalement. Le droit conserve toujours quelque chose de son accointance initiale (quand bien même elle serait fantasmatique) avec ce qui le nie.

1. « Le premier qui, ayant enclos un terrain, s'avisa de dire : ceci est à moi, et trouva des gens assez simples pour le croire, fut le vrai fondateur de la société civile » (*Discours sur l'origine et les fondements de l'inégalité parmi les hommes*, *Œuvres Complètes*, t. IV, Paris, Gallimard, 1964, p. 164).

CHAPITRE II

LA FAUTE ET LE DESTIN
L'ÉTHIQUE DANS LA TRAGÉDIE

Un des passages les plus fameux de la *Phénoménologie de l'esprit* est un libre commentaire de l'*Antigone* de Sophocle ou, pour être plus précis, d'un passage de la pièce, le dialogue entre Antigone et Créon (vers 441-525). Rappelons-en brièvement le contexte. La geste d'Antigone est un épisode du destin, voué au malheur, de la dynastie des Labdacides, qui règne sur Thèbes : Antigone, fille (et sœur) d'Œdipe, a deux frères, Étéocle et Polynice, qui se disputent le trône de Thèbes après l'abdication et l'exil d'Œdipe. Dans un premier temps, Étéocle l'emporte et chasse son frère de la cité. Mais Polynice tente de reconquérir le pouvoir avec l'appui militaire d'autres cités (épisode narré dans *Les Sept contre Thèbes* d'Eschyle). Les deux frères s'affrontent en combat singulier sous les murs de la ville et meurent l'un et l'autre. Créon, régent de la cité, interdit alors d'inhumer Polynice, coupable de trahison. Antigone, mue par la piété familiale, enfreint le décret de Créon et cherche à enterrer son frère, considérant que c'est son devoir familial et qu'il est contraire au *nomos* de priver un mort de sépulture. Arrêtée, elle est conduite devant Créon. C'est alors qu'a lieu ce dialogue qui est une sorte de parenthèse réflexive dans l'enchaînement funeste des événements, qui va se poursuivre par la condamnation d'Antigone et le suicide de son fiancé Hémon, fils de Créon ; il y est question de la nature de la justice et de la vocation du droit et de la loi (*nomos*). Hegel, qui considère la pièce comme « l'une des œuvres d'art les plus sublimes et les plus remarquables de tous les temps » (*Esthétique* 1, p. 56), interprète ce qui est au cœur de ce débat – le rapport entre la « loi divine » et la « loi humaine » – non pas, dans la perspective moderne d'une différenciation des systèmes normatifs, comme un problème de relation entre règles juridiques, religieuses et morales, ou même entre règles juridiques concurrentes, mais plutôt comme un symptôme des limites insurmontables des représentations juridico-politico-religieuses propres à la cité grecque et, plus généralement, au monde antique. En effet, la forme inaccomplie de *Sittlichkeit* propre à ce monde interdit de mener à son terme l'*Aufhebung* des conflits éthiques et la « réconciliation supérieure » des puissances qui s'opposent ; les individus qui s'en réclament, tout en ayant « l'un et l'autre leur validité », « ont l'un et l'autre tort, parce qu'ils sont unilatéraux » (*PhiRel* 2, p. 396).

LA « NOSTALGIE DE LA GRÈCE »

La passion pour la littérature grecque éprouvée par Hegel et certains de ses contemporains, au premier rang desquels ses brillants condisciples du *Stift* de Tübingen, Hölderlin et Schelling, participe d'une « nostalgie de la Grèce »[1] qui est un des éléments structurants de l'idéalisme allemand et du romantisme de la première période, autour de 1800. En particulier, le caractère éminemment politique et la signification éthique (au sens emphatique donné par Hegel à ce terme) de la poésie dramatique ancienne (*Naturrecht*, p. 458-460; *Droit naturel*, p. 69-72), frappe ces jeunes esprits; les pièces d'Euripide, d'Eschyle et de Sophocle leur apparaissent comme la transposition littéraire de leurs propres préoccupations politico-philosophiques, auxquelles elles offrent, croient-ils, des éléments de réponse. Pourquoi la Grèce classique et les textes où elle se met en scène ont-ils tant de valeur aux yeux de ces jeunes esprits? De façon à première vue surprenante, c'est à cause de la Révolution française. Hegel, comme Kant et Fichte par d'autres voies, cherche dans ses travaux précoces à tirer la leçon des deux révolutions qui se sont produites à la fin du XVIIIe siècle : la « révolution copernicienne » opérée par Kant en philosophie, et la révolution politique qui a eu lieu en France. Cette dernière a suscité, au moins à ses débuts, l'adhésion enthousiaste de bon nombre d'intellectuels et d'artistes allemands. L'exécution de Louis XVI et la Terreur ont refroidi cet enthousiasme, mais Fichte, par exemple, est resté jusqu'à la fin fidèle aux convictions qui l'avaient conduit, en 1793, à publier,

1. Outre le livre déjà cité de J. Taminiaux, *La nostalgie de la Grèce à l'aube de l'idéalisme allemand*, cette passion allemande pour la Grèce classique a donné lieu à de précieuses études : P. Szondi, *Poésie et poétique de l'idéalisme allemand*, Paris, Gallimard, 1991 ; G. Steiner, *Les Antigones*, Paris, Gallimard, 1986; J. Bollack, *La mort d'Antigone : la tragédie de Créon*, Paris, Puf, 1999; P. Judet de la Combe, *Les tragédies grecques sont-elles tragiques ?*, Paris, Bayard, 2010.

« pour rectifier le jugement du public », une vibrante apologie de la Révolution[1]. Hegel, bien que sa passion initiale pour la France révolutionnaire ait rapidement tiédi, et qu'il fustige désormais « l'ignominie des robespierristes » (*Correspondance* 1, p. 18), ne reniera jamais les principes de 1789, dont la proclamation constitue un « magnifique lever de soleil », comme il le dit dans un de ses derniers cours (*Intr. PhiHist*, p. 165), au moment même où, pourtant, les troubles occasionnés par les journées révolutionnaires de 1830 suscitent son inquiétude. Cette fidélité explique en bonne partie son admiration pour Bonaparte, en qui il voit, autant et plus que le vainqueur d'Iéna et d'Austerlitz, celui qui a institutionnalisé les principes juridiques et politiques de la Révolution et les a exportés pour le pire, mais aussi pour le meilleur ; d'où le dithyrambe, dans les *Principes de la philosophie du droit*, de la codification française du droit civil et pénal, qui permet de « connaître dans son universalité déterminée le contenu légal qui est présent-là, c'est-à-dire [...] de le concevoir de façon *pensante* » (*Grundlinien*, § 211 Anm., p. 177 ; *PPD*, p. 378).

Selon le témoignage de son biographe Rosenkranz, le jeune Hegel s'essaye dès ses années de lycée à traduire Sophocle et d'autres auteurs classiques, avec une passion particulière pour *Antigone*[2]. La Grèce qu'il imagine (elle a sans doute un rapport assez lointain avec la réalité de l'Athènes des Ve-IVe siècles, pour ne rien dire des autres cités grecques ou de la Grèce archaïque) est à ses yeux l'illustration idéale de la convergence

1. J. G. Fichte, *Considérations sur la Révolution française*, trad. fr. J. Barni, Paris, Payot, 1974.

2. K. Rosenkranz, *Vie de Hegel*, trad. fr. P. Osmo, Paris, Gallimard, 2004, p. 107.

de deux révolutions majeures : la révolution politique (l'avènement de la démocratie grâce aux réformes de Solon et de Clisthène) et la révolution philosophique (culminant dans les œuvres de Platon et d'Aristote). Le parallèle avec le présent est donc manifeste à ses yeux. L'idée selon laquelle le règne du droit, celui de la démocratie (ou, en termes modernes, de la république[1]) et celui de la pensée libre (libérée des tutelles politiques et religieuses) doivent advenir simultanément, cette idée vient se condenser dans l'image idéalisée de la Grèce classique qu'illustrent les écrits républicains du jeune Hegel. Par exemple, un fragment écrit en 1796 oppose le citoyen antique, qui « vit pour une idée », au « pieux chrétien » moderne, trop soucieux du salut de son âme pour se préoccuper vraiment de celui de l'âme commune, la patrie (*Frühe Schriften* I, p. 203 ; *Berne*, p. 80-81). Il est vrai que ces accents anti-chrétiens vont progressivement disparaître : le vieil Hegel proclame hautement son identité luthérienne tout en polémiquant rudement avec le catholicisme qu'il accuse de refuser la liberté de pensée et de soutenir des politiques rétrogrades (voir *PPD*, § 270 Remarque ; *Encycl* 3, § 552 Remarque). Mais, chez le jeune Hegel, ils sont le pendant d'une exaltation républicaine qui, à travers la Grèce et Rome, a évidemment sa source dans la Révolution française. Un autre fragment évoque un exemple révélateur de piété républicaine, emprunté à l'histoire romaine :

1. Le vocabulaire de la démocratie est peu présent chez les acteurs de la Révolution française, et parfois affecté de connotations négatives. C'est encore plus vrai chez ceux de la Révolution américaine : *Le Fédéraliste*, par exemple, oppose république et démocratie et valorise la première qui est fondée sur « le grand principe de la représentation » (*Le Fédéraliste*, n° 14, trad. fr. A. Amiel, Paris, Classiques Garnier, 2012, p. 157 *sq.*).

> Ce n'est qu'au moment où ce qui avait représenté pour lui l'ordre le plus élevé des choses, son monde, lorsque sa république fut détruite, que Caton se tourna vers le *Phédon* de Platon ; alors seulement il prit la fuite vers un ordre plus élevé encore. (*Frühe Schriften* I, p. 368 ; *Berne*, p. 99).

La véritable âme immortelle de Caton, c'était la république, et « devant cette idée, son individualité disparaissait » (*Frühe Schriften* I, p. 368 ; *Berne*, p. 98).

Le tropisme grec de Hegel se maintient tout au long de son œuvre, comme le montrent ses cours berlinois sur la philosophie de l'art, en dépit de l'effacement de la nostalgie politique de la cité antique. Mais sa signification va se transformer. La *Phénoménologie de l'esprit* offre un témoignage encore hésitant de ce changement d'attitude. Au chapitre V de l'ouvrage (« Certitude et vérité de la raison »), après avoir fait une description enthousiaste du « bonheur » du citoyen de la *polis* grecque, pour lequel « la substance universelle parle son *langage universel* dans les mœurs et lois de son peuple » (*PhG*, p. 195 ; *PhE*, p. 324), Hegel ajoute quelques lignes plus bas : « Mais *il faut que la raison sorte de ce bonheur*, car c'est seulement *en soi* ou *immédiatement* que la vie d'un peuple libre est la *vie éthique* (*Sittlichkeit*) *réelle* » (*PhG*, p. 195 ; *PhE*, p. 325, trad. fr. modifiée). Qu'est-ce qui faisait défaut à la *Sittlichkeit* de ce « peuple libre », qui n'était pas une morale, mais une conception politique du Bien reliant intimement aspirations individuelles, mœurs et représentations collectives, lois et institutions de la cité ? Tout simplement, l'affirmation et l'existence autonome de *l'individu*. Cette thèse (l'effacement de l'individu, ou son identification totale avec la cité, était la condition de la santé éthique des peuples anciens) explique que Hegel ait finalement renoncé au rêve coûteux d'une restauration de la *polis* à laquelle il lui avait d'abord semblé que la Révolution française ouvrait la voie; elle permet aussi de comprendre la manière dont, au chapitre VI de la *Phénoménologie*, Hegel analyse la controverse entre Antigone et Créon. La prise de conscience de ce que l'affirmation de l'autonomie de l'individu (avec tout ce qu'elle comporte de positif *et* de négatif) est un trait caractéristique essentiel de la modernité implique la péremption d'un idéal éthico-politique requérant son sacrifice.

La valeur insurpassable de la tragédie grecque tient à ce qu'elle met en scène les intérêts et les contradictions qui, *mutadis mutandis*, sont toujours aux yeux de Hegel ceux de son temps – et qui à certains égards sont encore les nôtres. Mais il y a une différence majeure entre l'univers de la *polis* et les sociétés modernes. Elle tient à la formation d'une sphère économique et sociale distincte de la sphère politique et étatique, à laquelle Hegel donne le nom de « société civile » (l'expression est ancienne, mais l'idée est nouvelle[1]). Comment penser le rapport qu'entretient cette sphère qui a ses propres règles, ce qu'on appelle les « lois du marché » (élucidées par l'économie politique, cette science nouvelle qui « fait honneur à la pensée » : Griesheim, *GW* 26-3, p. 1315; *PPD*, § 189 Addition, p. 681), avec la sphère politique au sens étroit du terme, avec l'État, ses normes et ses lois ? En réfléchissant à de telles questions, et en particulier à la place et aux formes du droit dans une société devenue complexe et caractérisée par un

1. L'histoire de cette notion est brièvement retracée dans J.-F. Kervégan, *L'effectif et le rationnel*, *op. cit.*, p. 137-149.

pluralisme normatif (en plus des lois étatiques et du droit « social », il y a les lois « morales » censées régir les comportements individuels, ainsi que des préceptes religieux devenus plus incertains en raison des scissions du christianisme), Hegel va se convaincre de l'irrémédiable péremption du modèle politique de la cité antique (que ce soit la *polis* grecque ou la république romaine), ainsi que du système normatif sur lequel ce modèle reposait. Ce système, Hegel le désigne dans la *Phénoménologie de l'esprit* à l'aide du terme *Sittlichkeit*. Ce mot appartient au langage courant, où il signifie en gros « moralité » (Kant continue de l'employer en ce sens, par exemple lorsqu'il formule l'impératif catégorique de la *Sittlichkeit* dans la *Fondation de la métaphysique des mœurs*[1]) ; mais il acquiert chez Hegel une signification particulière.

LA *SITTLICHKEIT*, ANTIQUE ET MODERNE

Que veut dire Hegel par *Sittlichkeit*, terme qui a été traduit en français – la diversité des choix illustre la complexité de la notion – par « ordre éthique » (Hyppolite), « vie éthique » (Derathé-Frick, Bourgeois), « moralité objective » (Kaan), « réalité morale » (Vieillard-Baron), « éthicité » (Kervégan, Jarczyk-Labarrière) ou encore « souci des bonnes mœurs et de la coutume » (Lefebvre)[2] ? En dépit du précepte de Hegel

1. Kant, *Grundlegung der Metaphysik der Sitten*, *AA* IV, p. 416 ; *Fondation de la métaphysique des mœurs*, trad. fr. A. Renaut, Paris, GF-Flammarion, 1994, p. 91.

2. Les traducteurs anglophones ont choisi « *ethical life* », les traducteurs italiens « *eticità* » (terme qui « passe » mieux en italien que son équivalent français).

selon lequel le philosophe doit « parler dans sa langue » et non dans un jargon, car c'est là « un des plus hauts moments de la culture » (*Notes et Fragments*, p. 74-75), j'ose pour ma part employer le terme barbare « éthicité », car le suffixe allemand *-keit*, comme le suffixe français *-té*, sert à désigner la qualité abstraite partagée par les membres d'une même classe de choses et qui les définit (Menschlich*keit* = humani*té*, Möglich*keit* = possibili*té*, etc.). Quoi qu'il en soit, Hegel attache de l'importance, que ce soit dans ses écrits de jeunesse ou dans les œuvres de maturité, à distinguer, voire à opposer éthicité et morale ; il l'indique expressément dans les *Principes de la philosophie du droit* : « Moralité (*Moralität*) et éthicité (*Sittlichkeit*), qui d'ordinaire passent en gros pour synonymes, sont pris ici en un sens essentiellement différent » (*Grundlinien*, § 33 Anm., p. 49 ; *PPD*, p. 180).

Le contenu conceptuel de cette notion de *Sittlichkeit* s'est cependant transformé à mesure que Hegel se convainquait de la péremption du modèle de la cité antique : on peut parler, à cet égard, d'un avant et d'un après la *Phénoménologie de l'esprit* (1807) Les écrits antérieurs à celle-ci, développant ce que Jean Hyppolite (le premier traducteur du livre) a nommé une « conception héroïque de la liberté »[1], se montrent très critiques à l'encontre du repli moderne des individus sur la « vie privée universelle » et fustigent la « nullité politique » qui caractérise un monde « bourgeois » centré sur les valeurs du privé (*Naturrecht*, p. 457-458 ; *Droit naturel*, p. 66-68). Hegel fait alors de la « répression » des expressions de l'individualité la condition d'une éthicité

1. J. Hyppolite, *Introduction à la philosophie de l'histoire de Hegel*, Paris, Seuil, 1983, p. 94.

véritable, « absolue » et non pas « relative »; celle-ci implique même « l'annihilation (*Vernichtung*) complète de la particularité et de l'identité relative », raison pour laquelle elle se manifeste comme « la plus haute liberté et la plus haute beauté » dans la bravoure guerrière s'exposant au « danger du combat » (*Sittlichkeit*, p. 324 et 329; *Vie éthique*, p. 159 et 165). En revanche, les écrits postérieurs à la *Phénoménologie de l'esprit*, empreints d'un souci de réconciliation (non exempt de distance) avec l'état présent du monde, donnent peu à peu congé à l'idéal de la « belle et heureuse liberté des Grecs » (*PhiGeist* 2, p. 262; *Esprit*, p. 93); néanmoins, il est remarquable que dans les écrits du jeune Hegel, et jusque dans la *Phénoménologie de l'esprit*, le référent obligé de l'idée de liberté éthique soit la cité antique.

Néanmoins, à partir de 1805-1806, Hegel considère que la dissociation de la vie privée et de la vie politique, qui se traduira, dans les *Principes de la philosophie du droit*, par la désimplication des composantes de la *Sittlichkeit* que sont la famille, la société civile et l'État, est l'indice non d'une perte, d'une « déséthicisation », mais au contraire de la *supériorité éthique* du monde moderne : l'éthicité moderne a des formes plurielles, mais coordonnées, et ne se réduit pas à sa dimension politique. Non seulement Hegel ne fait plus du « disparaître de l'individualité » (*PhiGeist* 2, p. 263; *Esprit*, p. 95) la condition d'une vie véritablement éthique, mais l'autonomie de l'individu, favorisée d'une part par le christianisme, d'autre part par la transformation moderne des structures sociales (avec la disparition de la société d'ordres et le développement de l'économie de marché), est présentée comme un trait positif de la modernité; pour emprunter le vocabulaire de Louis

Dumont et de Norbert Elias, c'est aussi bien « l'individu dans le monde » que « l'individu hors du monde » qui s'affirment au cours du long mouvement qui donne naissance à la « société des individus »[1]. L'émergence, puis la sacralisation de l'idée des droits de l'homme est l'illustration de ce phénomène. D'où, par exemple, l'éloge que prononce Hegel en 1817 de ce « *catéchisme élémentaire* » qu'est la Déclaration de 1789 ; celle-ci, en proclamant les pouvoirs « naturels et inaliénables » de l'individu, formule *pour cette raison* (c'est cela qui est vraiment nouveau) « les assises de l'organisation de l'État », entendons de l'État post-révolutionnaire (*Ständeschrift*, p. 51 ; *Actes*, p. 240, trad. fr. modifiée). À vrai dire, ce qui a changé dans la pensée de Hegel est moins le concept même de la *Sittlichkeit* – elle repose toujours sur une certaine articulation des structures objectives du monde social et politique et des caractères de la subjectivité individuelle – que la définition des conditions de son actualisation et l'évaluation des effets qu'elle a sur l'agir individuel et collectif.

Le chapitre v de la *Phénoménologie de l'esprit*, œuvre charnière, puisque c'est durant sa rédaction que la pensée de Hegel va trouver son site définitif, offre une description éloquente de ce qu'il nomme *das Reich der Sittlichkeit*, le « *règne de l'éthicité* » (*PhG*, p. 194 ; *PhE*, p. 322, trad. fr. modifiée) ; il s'agit alors clairement de la cité antique. Celle-ci reposait sur une harmonie complète de la « conscience de soi universelle », engendrée par « l'esprit d'un peuple » et incarnée dans ses lois et ses

1. Voir L. Dumont, *Essais sur l'individualisme*, Paris, Seuil, 1983, p. 33 *sq.* ; N. Elias, *La société des individus*, trad. fr. J. Etoré, Paris, Fayard-Pocket, 1997.

mœurs[1], et des subjectivités individuelles, qui ont un caractère éthique dans la mesure précise où elles adhèrent sans réserve aux coutumes et représentations collectives, et où elles « sacrifient leur singularité » (*PhG*, p. 194 ; *PhE*, p. 323). Voici comment Hegel présente ce qu'il faut entendre par *Sittlichkeit* :

> Dans un peuple libre, la raison est, en vérité, effectivement réalisée : elle est un esprit vivant présent dans lequel l'individu ne trouve pas seulement exprimée et présente comme une choséité (*Dingheit*) sa *destination*, c'est-à-dire son essence universelle et singulière, mais est lui-même cette essence et a aussi atteint sa destination. C'est pourquoi les hommes les plus sages de l'Antiquité ont prononcé cette sentence : *la sagesse et la vertu consistent à vivre conformément aux mœurs de son peuple*. (*PhG*, p. 195 ; *PhE*, p. 324-325)

Deux observations peuvent être faites à propos de cette conception de la *Sittlichkeit*.

1) Elle est manifestement calquée sur l'image (reconstruite et idéalisée) de la cité antique transmise par la littérature de la Grèce classique (et secondairement de la Rome de l'époque républicaine) et par les philosophes : Platon, qui a « reconnu et appréhendé l'esprit de son temps, la vérité de son temps » (*HP* 3, p. 481), et Aristote, qui a compris que « la réalité éthique est aussi l'affaire de l'individu, mais qu'elle a son achèvement dans l'État » (*HP* 3, p. 591). Mais c'est aussi la philosophie, Hegel le

1. Il y a une incontestable relation de filiation entre « l'esprit général de la nation » au sens de Montesquieu (*De l'esprit des lois*, l. XIX, chap. 5) et le *Volksgeist* de Hegel, qui demeure ainsi dans la continuité des Lumières, loin des conceptions racialisantes auxquelles ce terme va servir de marqueur chez d'autres auteurs allemands du XIXe et du XXe siècles.

souligne dans d'autres textes (la Préface et la Remarque du paragraphe 185 des *Principes de la philosophie du droit*, les cours d'histoire de la philosophie sur Platon), qui a ouvert la voie à la déstabilisation du modèle harmonieux de la cité : d'abord en revendiquant (avec Socrate) le droit pour l'individu de penser par lui-même, au risque d'apparaître impie; puis en mettant en évidence, en le poussant à la limite, le caractère exorbitant de l'éthique de la *polis* (dans la *République*, avec le « communisme » des femmes et des enfants : *République* V, 457 d *sq.*). Selon Hegel, Socrate et, dans un autre registre, Jésus, ont sapé les bases d'une éthique civique qui reposait sur l'élision de l'individualité : « La Grèce était fondée sur la liberté substantielle, sur la liberté éthique; elle n'a pu supporter l'épanouissement de la liberté subjective » (*HP* 3, p. 490). Il reste que, dans le passage précité de la *Phénoménologie de l'esprit*, c'est encore à la vision compacte et anti-individualiste de la *Sittlichkeit* qu'est reliée l'idée d'un « peuple libre ». Ce qui sous-entend que les peuples modernes ne sont plus (ou pas encore) des peuples libres, du moins tant qu'ils n'ont pas su construire un *autre* type d'éthicité, en dépit de l'espoir suscité un bref moment par la Révolution française; et cela, en raison de la priorité que la société moderne accorde aux intérêts de l'individu et au « calcul égoïste », comme dira Marx.

2) Dans le même passage de la *Phénoménologie de l'esprit*, Hegel distingue clairement *l'éthique* des Anciens et la *morale*, qui est une invention moderne : le « devenir de la moralité » a pour contrepartie « la vie éthique perdue », autrement dit la dissolution de l'éthique de la *polis* (*PhG*, p. 197; *PhE*, p. 327). Les Grecs ignoraient ce qu'est la morale, parce que celle-ci

repose sur un jugement subjectif (ai-je bien ou mal agi ?), et que la subjectivité (en tant qu'instance autonome) n'existait pas pour les Anciens : l'éthique n'avait rien de subjectif, elle consistait plutôt en une intériorisation des lois et coutumes de la cité, normes intangibles des comportements individuels. C'est la philosophie moderne, en particulier celle de Kant (avec la distinction entre moralité et légalité des actions), qui a mis au premier plan la conscience morale subjective, comme le souligne *Foi et Savoir* : alors que « la subjectivité est abolie (*aufgehoben*) dans la véritable éthicité », la conscience morale moderne « la maintient et la sauve dans son anéantissement même » (*Glauben und Wissen*, p. 410 ; *Foi et savoir*, p. 294, trad. fr. modifiée). Hegel ajoute :

> Cette représentation de l'éthicité (*Sittlichkeit*) comme moralité (*Moralität*) transforme ce qui est véritablement éthique en bassesse, la force en faiblesse, et justifie la bassesse en tant que moralité. (*Glauben und Wissen*, p. 411 ; *Foi et savoir*, p. 295)

Aux yeux de Hegel, ce phénomène, sans doute irréversible, comporte deux aspects contrastés. L'aspect négatif est celui que soulignent les textes déjà évoqués : avec la dissolution de l'éthique civique de l'Antiquité s'est perdu le « bonheur » qui consistait (pour les seuls citoyens, bien sûr) à prendre activement part à la vie des institutions d'un peuple libre au sens esthétique et politique qu'a en grec le mot *eleutheria*, de sorte que « dans les temps anciens, la *belle* vie publique était les mœurs de tous » (*PhiGeist* 2, p. 263 ; *Esprit*, p. 95). Mais l'aspect positif de cette mutation est désormais également souligné : la perte que représente la fin de l'identification de l'individu à la collectivité, en même temps que le nouveau rapport à la subjectivité et à l'intériorité auquel le christianisme va donner naissance, ouvrent la voie à une forme « plus proche de notre époque » (*PhG*, p. 197 ; *PhE*, p. 328), plus riche et plus complexe aussi, de relation entre subjectivité individuelle et objectivité socio-politique. C'est ce qui fait le « *principe supérieur des temps modernes* », selon la formule déjà citée de la *Philosophie de l'esprit* de 1805 (*PhiGeist* 2, p. 263 ; *Esprit*, p. 95), contemporaine de la rédaction de la *Phénoménologie de l'esprit*.

Dans son œuvre de maturité, Hegel va concevoir une *autre forme* de *Sittlichkeit*, désormais jugée supérieure car laissant à la subjectivité (avec ses revendications psychologiques, juridiques et morales) un espace élargi de libre jeu ; il s'agit d'une éthique qui ne requiert plus l'effacement de l'individu mais qui, au contraire, fait des dispositions subjectives et de la « conscience de soi » individuelles le ferment de l'*ethos* de la collectivité (*Grundlinien*, § 142, p. 137 ; *PPD*, p. 315). Que faut-il retenir de cette nouvelle conception de la *Sittlichkeit*, qui n'est plus celle sur laquelle faisait fonds la *Phénoménologie de l'esprit*, et qui en montre les limites ? Trois choses. Tout d'abord, elle confère une effectivité et une valeur aux normativités abstraites du droit privé et de la morale subjective : l'idée de liberté éthique (sociale et politique) reçoit, en incorporant ces normes pré-éthiques, une densité accrue. Corrélativement, les normes qui encadrent l'action de la personne juridique et du sujet moral trouvent leur réalisation concrète dans le réseau des institutions proprement éthiques (celles de la famille, de la société civile et de l'État) ; ainsi, le Bien abstrait auquel se réfère le sujet moral (*Grundlinien*, § 129, p. 114 ; *PPD*, p. 282) devient un Bien *vivant*, incarné dans des pratiques et des représentations partagées. Deuxième observation : l'éthicité, telle qu'elle est désormais comprise, implique une interaction entre l'universalité objective (« l'être éthique » ou, dans la suite du texte des *Principes*, la « substance éthique ») et la subjectivité singulière (la « conscience de soi » individuelle) : la première est « l'assise » de la seconde, mais celle-ci offre à celle-là une réalité concrète. Troisième remarque : la *Sittlichkeit* moderne surmonte la scission qu'on aurait pu croire originaire et indépassable du sujet et du monde ; elle est un monde dont les règles s'imposent aux individus sur le mode de l'évidence, mais ce monde n'est lui-même ce qu'il est que parce qu'il est habité par des subjectivités actives, dont l'action concourt à le préserver, mais aussi à le transformer.

LOI HUMAINE, LOI DIVINE

L'ambivalence de la *Sittlichkeit*, telle qu'elle est comprise dans les écrits d'Iéna, est illustrée par un passage situé au début du chapitre VI de la *Phénoménologie de l'esprit* (« L'esprit »), qui évoque le dialogue entre Antigone et Créon (sans citer le titre de l'œuvre ni son auteur, seulement le nom de la protagoniste et le vers 926 de la pièce : *PhG*, p. 256 ; *PhE*, p. 408[1]) ; ce passage, où il est également fait allusion au destin d'Œdipe, s'intitule « L'esprit vrai. La *Sittlichkeit* » (*PhG*, p. 240-260 ; *PhE*, p. 388-414). Ce qui est en question ici

1. Toutefois, les vers 453-457 de la pièce, où Antigone évoque « les lois non écrites et infaillibles des dieux », ce droit dont « nul ne sait d'où il parvint au jour », sont cités à la toute fin du chapitre précédent (*PhG*, p. 236 ; *PhE*, p. 381).

n'est pas la conception « moderne » de l'éthicité, qui ne trouvera sa formulation dans l'œuvre hégélienne que plus tard, mais bien l'éthique de la Grèce classique, patrie des grands auteurs tragiques. Dans ce passage, Hegel interprète la tragédie des Labdacides (outre *Antigone*, il évoque allusivement *Œdipe roi : PhG*, p. 255 ; *PhE*, p. 407) comme une illustration des contradictions de cette *Sittlichkeit* grecque, contradictions qui se traduisent par le destin effroyable des acteurs de la tragédie, qui lui-même préfigure selon Hegel la ruine inéluctable du modèle de la cité antique. C'est pourquoi l'analyse se conclut par un jugement sans appel : « la figure éthique de l'esprit est disparue, et c'est une autre qui vient prendre sa place » (*PhG*, p. 260 ; *PhE*, p. 413). Il faut toutefois reprendre les choses de plus près.

Dans la première division de ce passage, intitulée « Le monde éthique, la loi humaine et la loi divine, l'homme et la femme », Hegel explique que la forme antique de l'éthicité se partage entre deux principes, la loi humaine et la loi divine, qui ont pour support respectif la cité et la famille, soit le pôle « politique », masculin, et le pôle « naturel », féminin, de la vie communautaire. Dans un autre langage, c'est aussi ce qu'expose Aristote au livre I de la *Politique*. La famille (*oikos*) et la cité (*polis*) sont l'une et l'autre des réalités « naturelles », en ce sens qu'elles permettent chacune à l'humanité de développer une dimension de sa nature. La famille est le lieu de la reproduction de l'espèce, mais aussi de la production matérielle des moyens d'existence, raison pour laquelle l'*oikos* inclut aussi les esclaves, ces « instruments animés » (*Politiques* I, 4, 1253 b 31 *sq.*) : la famille est ce qui permet de « vivre ». En revanche, la cité, la communauté des citoyens, permet à ceux-ci de « vivre bien » (*eu zèn*) : non pas confortablement, mais conformément à des normes éthiques et politiques permettant d'actualiser pleinement leur nature d'animaux politiques (*Politiques* I, 2, 1252 b 27-30[1]). Il en résulte que la cité est normativement « antérieure » à la famille, non parce qu'elle lui préexisterait chronologiquement, mais parce que c'est dans son cadre, sur le plan politique donc, que l'humanité se réalise de la façon la plus accomplie, et parvient à atteindre ses fins les plus élevées (*Politiques* I, 2, 1253 a 19-20) ; pour vivre hors cité (*apolis*), il faut, écrit Aristote, être « soit un être dégradé, soit un être surhumain » (*Politiques* I, 2, 1253 a 3-5), mais en tout cas pas un humain au sens exact du terme. Il en résulte, commente Hegel, que la famille et la cité sont les deux pôles entre lesquels, si leur rapport est équilibré et si « chacune de ces masses de la substance demeure l'esprit tout entier » (*PhG*, p. 241 ; *PhE*, p. 389), le monde éthique peut déployer ses possibilités, en respectant également les deux « lois » divine et humaine qui gouvernent ces deux entités. Traduisons : lorsque les humains se conforment dans leur agir aux références normatives autour desquelles s'organise chaque type de communauté, et dont l'homme mâle (comme citoyen) et la femme (comme épouse, mère et gestionnaire du foyer) sont les agents respectifs, la « multiplicité des relations éthiques » ne pose pas problème puisque, comme dit Aristote, « des gens différents ont des tâches différentes » (*Politiques* I, 7, 1255 b 27).

1. Sur la définition de l'homme comme animal « naturellement » politique, voir les études réunies dans A. Jaulin et R. Güremen (dir.), *Aristote, l'animal politique*, Paris, Publications de la Sorbonne, 2017.

Mais il peut arriver que « l'équilibre en repos » des deux pôles de la *Sittlichkeit* soit rompu, sans que la justice (*Gerechtigkeit*) parvienne à se rétablir (*PhG*, p. 249 ; *PhE*, p. 400). L'injustice ou le non-droit (*Unrecht*) fait alors son entrée, parce que se trouve violée l'une ou l'autre des deux lois qui dessinent, dans leur complémentarité, les contours d'un bon ordonnancement du monde, lorsqu'une saine répartition des rôles a lieu entre les représentants des deux lois, la femme et l'homme, et entre les espaces où chacun d'eux règne (l'*oikos* et la *polis*). C'est ce genre de situation antinomique ou anomique que décrit la tragédie, pour en énoncer les conséquences effroyables. Prenant pour fil conducteur le destin d'Antigone, Hegel décrit et analyse dans la deuxième subdivision, « L'action éthique, le savoir humain et le savoir divin, la faute et le destin », le processus de désintégration de la belle totalité, désormais « clivée en deux lois » (*PhG*, p. 253 ; *PhE*, p. 405). Entre ces exigences normatives en conflit, la conscience individuelle – celle de Créon aussi bien que celle d'Antigone – a à choisir et choisit *de facto* par son acte ; ici comme plus tard, Hegel privilégie le point de vue de l'action, et non celui de la conscience ou de « l'intention » : « ce qu'*est* le sujet, c'est la *série de ses actions* » (*Grundlinien*, § 124, p. 110 ; *PPD*, p. 276). L'action de Créon, qui fait prévaloir le point de vue politique de l'unité et de la stabilité de la cité, ce qui constitue « une justification essentielle », énonce le primat de la loi humaine, celle de la communauté ; l'action d'Antigone (violant la décision de Créon, donc la loi humaine) fait le choix « pareillement éthique » de la loi divine requérant la piété familiale (*Esthétique* 1, p. 293 ; voir également *PhiRel* 2, p. 396). L'une invoque « les dieux souterrains » de la famille et du foyer ; l'autre en appelle à Zeus, « autorité toute-puissante de la vie publique et du bien commun » (*Esthétique* 3, p. 513). Pour autant, aucun des deux ne viole de gaîté de cœur la loi qu'il enfreint ; encore moins la juge-t-il nulle et non avenue. C'est pourquoi ces deux consciences mutilées, souffrantes, éprouvent simultanément la nécessité d'agir comme ils le font (c'est « l'entêtement » dont elles font preuve) et la culpabilité de le faire ; elles sont en proie à ce que Hegel nomme dans un autre contexte, à propos de la folie, « le malheur absolu de la *contradiction* » (*Enzykl* 1, § 321 Anm., p. 191 ; *Encycl* 3, p. 112). Or, dans un cas comme dans l'autre, « la *faute* reçoit aussi la signification du *crime* » (*PhG*, p. 254 ; *PhE*, p. 406) ; elle acquiert ainsi, parce qu'elle enfreint *nécessairement* une norme éthique, le caractère d'un destin, ce destin qui « engloutit dans l'abîme de sa *simplicité* la loi divine comme la loi humaine, ainsi que les deux consciences de soi dans lesquelles ces puissances ont leur être-là » (*PhG*, p. 251 ; *PhE*, p. 402-403). C'est en ce sens que Hegel interprète le vers 926, lorsqu'Antigone déclare, selon la traduction qu'il en donne : « C'est parce que nous souffrons que nous reconnaissons avoir failli »[1] (*PhG*, p. 256 ; *PhE*, p. 408, trad. fr. modifiée). Forcément coupable parce qu'elle rompt l'équilibre, l'action juste selon une seule des deux lois appelle, en l'absence d'une médiation entre les deux législations, une réaction tout aussi nécessairement violente incarnée par les Érinyes, ces divinités vindicatives qui, dans l'*Orestie*, poursuivent

1. La traduction Bollack donne à cette formule un sens notablement différent de celui que lui attribue Hegel : « si c'est cela qui est beau chez les dieux, je reconnaîtrai ma faute à ce que je subis » (Sophocle, *Antigone*, trad fr. J. et M. Bollack, Paris, Minuit, 1999, p. 59).

inlassablement le criminel (*PhG*, p. 250 ; *PhE*, p. 401). Pourtant, une telle médiation n'est pas impossible : elle est incarnée dans *Les Euménides* d'Eschyle par Athéna, qui parvient à transformer les Érinyes en Euménides, en divinités « bienveillantes » de la cité ; mais cela requiert une intervention divine dans le cours des choses humaines.

Compte tenu de certaines lectures modernes faisant de la tragédie d'Antigone un conflit ente le droit et la morale, ou entre le droit et la justice, ou encore entre l'individu et le pouvoir, on ne peut manquer de se poser naïvement la question : à qui Hegel donne-t-il en fin de compte raison, après sa présentation sinueuse (en fait : dialectique) des positions et des raisons des deux protagonistes ? À aucun des deux, en réalité, comme le souligneront plus nettement encore les cours berlinois : Antigone et Créon « ont tort » aussi bien qu'ils « n'ont pas tort » (*PhiRel* 2, p. 396)... Dans la perspective qu'il adopte, chacun des deux, par le choix qu'il est dans *l'obligation* de faire (l'un et l'autre le disent : je n'ai pas le choix, je *dois* agir comme je le fais), est le *symptôme* de la contradiction qui traverse la cité et chacun de ses membres, homme ou femme, et qui conduit inéluctablement à leur perte et à la désagrégation, à la « ruine » de la « belle unanimité » et de « l'équilibre en repos » de la *polis* (*PhG*, p. 260 ; *PhE*, p. 414). Mais Antigone a un avantage, si j'ose dire : elle est le *révélateur* de l'insuffisance de cette forme immédiate, compacte, d'éthicité, incapable qu'est celle-ci de réconcilier effectivement les deux législations, politique et non politique, qu'elle abrite et dont elle dépend. Tel est le sens de la formule souvent mal interprétée : la féminité est « l'éternelle ironie de la communauté » (*PhG*, p. 259 ; *PhE*, p. 412).

Hegel ne veut pas dire qu'elle est l'*objet* de cette ironie, mais qu'elle *est* cette ironie. L'action d'Antigone est ce qui vient scinder, opposer à soi une communauté qui se croit solidement unie par ses croyances, ses mœurs et ses valeurs : elle est, littéralement, le *moment critique* (au sens propre du verbe grec *krinein*, d'où vient *krisis*) qui porte au grand jour la contradiction de cette éthique duale. Je n'irai pas jusqu'à soutenir, comme on l'a fait récemment, que Hegel est féministe[1] : recourir à un tel vocabulaire manque à mes yeux de pertinence dans un contexte où, notamment, la question de l'existence politique des femmes (sinon celle de leur existence sociale) ne pouvait même pas se poser. Mais on ne saurait dire, à lire le commentaire que Hegel fait d'*Antigone*, qu'il juge son rôle négligeable, et encore moins risible : l'acte d'Antigone est le révélateur du déséquilibre interne d'une éthicité qui requiert un monisme normatif, garant de la cohésion civique, tout en engendrant un pluralisme des normes et de leurs sources. L'éthique « moderne » qu'exposent les *Principes de la philosophie du droit* n'abolit pas la pluralité des configurations normatives : pas plus que le droit abstrait-privé, la *Moralität* ne se dissout pas dans la *Sittlichkeit*. Mais Hegel tente dès lors de penser leur coexistence en définissant, pour chacune, une sphère de validité et un mode de coordination avec les autres espaces normatifs. Toutefois, comme on le verra au chapitre quatre, même dans le cadre rationalisé du droit et de la société modernes, l'injustice possible commence exactement là où la justice est mise en œuvre. En cela réside sa dimension tragique.

1. J.-B. Vuillerod, *Hegel féministe. Les aventures d'Antigone*, Paris, Vrin, 2020.

CHAPITRE III

LE DROIT ET LES DROITS

Les traducteurs anglophones des *Grundlinien der Philosophie des Rechts* ont été confrontés à un problème qui ne se pose pas aux usagers des langues romanes : comment faut-il traduire le mot *Recht* ? En effet, il peut se traduire, selon le contexte et l'intention de signification, par *right* ou par *law*. Par exemple, « le droit allemand » se traduira par *the german law* et « le droit international » par *the international law*, alors que « le droit de propriété » et « les droits de l'homme » auront pour équivalents *the right to property* et *the human rights*. Dans bien des cas, le choix est difficile et repose sur des conjectures interprétatives : par exemple, faut-il traduire *Naturrecht* par *natural law* ou par *natural right* ? Tout dépend à la fois du contexte et de la conception qu'on a soi-même du droit naturel... Les traducteurs anglophones ont unanimement choisi de traduire *Philosophie des Rechts* par *Philosophy of Right*[1]. C'est une option qui peut sans doute être justifiée avec

1. Hegel, *Philosophy of Right*, trad. angl. W. Dyde, G. Bell, 1896, rééd. Buffalo, Prometheus Books, 1996 ; *Outlines of the Philosophy of Right*, trad. angl. T. M. Knox, revised, edited and introduced by S. Houlgate, Oxford, Oxford University Press, 2008 ; *Elements of the Philosophy of Right*, ed. A. W. Wood, trad. angl. H. B. Nisbet, Cambridge, Cambridge University Press, 1991.

de bons arguments. Mais ces traducteurs, suivis par la plupart des commentateurs anglophones, ont en général considéré qu'elle allait de soi et n'avait pas spécialement besoin d'être étayée. De même, ils ont admis sans autre forme de procès que le mot *law* était la traduction indiscutable de *Gesetz*, alors que la langue juridique anglaise utilise de préférence d'autres termes pour désigner les actes législatifs : aussi bien en Grande-Bretagne qu'aux États-Unis, les lois au sens européen du terme, c'est-à-dire les actes parlementaires de législation, sont nommées *Acts*, *Bills* ou *Statutes*. Le terme *law* a une extension beaucoup plus large, puisqu'il inclut toutes les normes juridiques, qu'elles soient d'origine parlementaire, jurisprudentielle ou coutumière (*common law*) ; il est donc extensionnellement équivalent au français « le droit » ou à l'allemand *das Recht*. Le choix de traduire en contexte hégélien *Rechtsphilosophie* par *philosophy of right* engage donc une interprétation tacite de cette philosophie du droit, selon laquelle la notion de *right* ou de droit subjectif constitue la pierre angulaire de cette philosophie. Autrement dit, la doctrine de l'esprit objectif (puisque telle est, dans l'*Encyclopédie*, la dénomination technique de ce que les *Principes de la philosophie du droit* nomment « le droit ») serait une philosophie *du droit* (objectif) *parce qu*'elle est une philosophie *des droits* (subjectifs). Pour employer la terminologie de Ronald Dworkin, la philosophie du droit de Hegel serait *right-based*, fondée sur les droits[1].

1. Voir R. Dworkin, *Taking Rights seriously*, Cambridge (Mass.), Harvard University Press, 1978, p. 169 *sq.* ; *Prendre les droits au sérieux*, trad. fr. M.-J. Rossignol *et al.*, Paris, Puf, 1995, p. 262 *sq.* Dworkin distingue trois types de *political theories : right-based, duty-based* et *goal-based*.

Il me semble que les choses sont moins simples. En effet, on peut établir que Hegel, qui n'ignore pas sa diversité sémantique, privilégie tantôt une signification du mot *Recht*, tantôt une autre ; il lui arrive aussi d'en associer plusieurs, en fonction de la stratégie conceptuelle qui est la sienne dans cette « philosophie du droit » (une expression presque inusitée dans l'espace germanophone au moment où il y recourt) qu'il conçoit comme une pièce d'une *Encyclopédie des sciences philosophiques* systématique, et qui est donc tributaire des principes de ce système et de ses concepts cardinaux. Exemple de cette diversité de la palette sémantique du mot *Recht* : lorsque Hegel écrit : « Chaque degré du développement de l'idée de la liberté a son droit en propre » (*Grundlinien*, § 30 Anm., p. 46 ; *PPD*, p. 175), ou lorsqu'il affirme que « le système du droit est le règne de la liberté effectuée » (*Grundlinien*, § 4, p. 31 ; *PPD*, p. 151), il n'est pas évident qu'il emploie le mot *Recht* au même sens, même s'il souligne dans les deux cas le lien étroit entre le concept de droit et celui de liberté, auquel Hegel confère par ailleurs une signification tout à fait particulière en le définissant comme « acte de coïncider avec *soi-même* dans l'Autre » (*Enzykl* 3, § 159 Anm., p. 176 ; *Encycl* 1, p. 405, trad. fr. modifiée).

De surcroît, les choix que nous faisons quand nous lisons ou traduisons un texte de Hegel (ou d'un autre auteur) dépendent évidemment de nos propres options philosophiques. Pour évoquer l'opposition commune des deux grandes orientations entre lesquelles se partage traditionnellement la philosophie du droit : si je suis un partisan du droit naturel, je ne lirai pas le texte des *Grundlinien der Philosophie des Rechts* de la même manière que si j'adhère à telle ou telle version du positivisme juridique; j'aurai tendance dans les deux cas à interpréter le texte à partir de mes propres présupposés, même lorsque je m'efforce de ne pas les y projeter. Pour ma part, je juge souhaitable de dépasser cette alternative, souvent considérée de part et d'autre comme inéluctable. Considérer le droit comme une configuration historiquement variable, et définissant de façon solidaire les propriétés objectives du système juridique (« le droit ») et les pouvoirs subjectifs qu'il confère aux individus et aux groupes sociaux (« les droits »), est peut-être un moyen de surmonter le conflit des écoles en combinant les déterminations auxquelles jusnaturalisme et juspositivisme accordent une préférence exclusive.

DROIT OBJECTIF ET DROITS SUBJECTIFS : ORIGINE ET CONSÉQUENCES DE LEUR DISTINCTION

La distinction lexicale entre droits subjectifs et droit objectif apparaît en Allemagne à la fin du XVIIIe ou au début du XIXe siècle[1]. Vers 1830, elle est devenue usuelle, ce que déplore le juriste britannique John Austin après une tournée dans les universités allemandes. Constatant que les langues allemande, française et italienne utilisent un même mot (*Recht*, droit, *diritto*) pour désigner deux choses toutes différentes : le droit comme « faculté » et le droit comme « ordre objectif de justice », Austin remarque que l'usage se répand des expressions « droit au sens subjectif » et « droit au sens objectif » pour

1. O. Jouanjan, « Les aventures du sujet dans la narration villeyenne de l'histoire de la pensée juridique », *Droit et Société* 71, 1, 2009, p. 43, note 73.

désigner ce que la langue anglaise nomme respectivement *right* et *law*[1].

Jeremy Bentham, le guide d'Austin en philosophie, affirmait :

> Rights are the fruits of the law, and of the law alone. There are no rights without law, no rights contrary to the law, no rights anterior to the law[2].

Considérant lui aussi que « every legal right is the creature of a positive law »[3], Austin souligne que le lexique des droits subjectifs efface la dépendance des droits à l'égard de la loi entendue comme un commandement du souverain. Que l'on suive ou non Austin (dont Herbert Hart, professant un positivisme juridique plus raffiné, a critiqué l'impérativisme un peu fruste[4]), on est ici au cœur du débat : affirmer l'existence de droits subjectifs, et *a fortiori* de « droits naturels et inaliénables » de l'homme, n'est-ce pas compromettre l'antériorité logique de *the law* par rapport à *the rights*, de l'obligation légale par rapport aux droits ? Quoi qu'il en soit, ce vocabulaire s'est imposé parmi les juristes continentaux au cours de la seconde moitié du XIXe siècle, que ce soit dans l'école pandectiste allemande, qui développe une interprétation « volontariste » du droit subjectif, ou à l'inverse dans

1. J. Austin, *The Province of Jurisprudence Determined* (1832), Cambridge, Cambridge University Press, 1995, p. 236-237.

2. J. Bentham, *Pannomial Fragments*, in *The Works of Jeremy Bentham*, vol. III, éd. J. Bowring, Edimburgh-London, Tait, Simpkin, Marshall, 1843, p. 212.

3. J. Austin, *The Province of Jurisprudence determined*, *op. cit.*, p. 231.

4. H. L. A. Hart, *The Concept of Law*, 2e éd., Oxford, Oxford University Press, 1994, 18 *sq.* ; trad. fr. M. van de Kerchove, *Le concept de droit*, 2e éd., Bruxelles, Facultés universitaires Saint-Louis, 2005, p. 37 *sq.*

l'*Interessenjurisprudenz* qui conçoit le droit subjectif comme un « intérêt juridiquement protégé », selon la fameuse définition de Rudolf von Jhering. Mais, quelle qu'en soit l'interprétation, la notion de droit subjectif a un caractère central dans l'image que les sociétés post-révolutionnaires ont d'elles-mêmes, et par conséquent dans la théorie juridique et la philosophie du droit : une société de droit, un *Rechtsstaat*, ne peut qu'accorder aux droits subjectifs une position fondatrice.

Une des raisons de cette centralité qu'ont acquise les droits est le rôle cardinal que joue désormais la liberté en tant que valeur, mais aussi en tant que catégorie juridique et politique. La philosophie kantienne du droit en offre une bonne illustration. Commentant implicitement les premiers articles de la Déclaration française des droits de l'homme et du citoyen, Kant propose une justification novatrice des droits subjectifs fondamentaux : ce sont des droits « naturels » (puisqu'ils n'appartiennent pas au registre du droit positif), mais « acquis », en ce sens qu'ils dérivent logiquement d'un seul et même droit « inné » ou natif, la liberté, qui apparaît ainsi comme un droit aux droits ou comme leur condition d'existence :

> La *liberté* (l'indépendance vis-à-vis de l'arbitre contraignant d'autrui), dans la mesure où elle peut coexister avec la liberté de tout autre selon une loi universelle, est cet unique droit originaire qui appartient à tout homme en vertu de son humanité[1].

Cette unification conceptuelle de l'ensemble des droits subjectifs sous le chef de la liberté personnelle (qui est, cela va sans dire, tout autre chose que la liberté

1. I. Kant, *Rechtslehre*, Einleitung, *AA* VI, p. 237; *Doctrine du droit*, p. 26.

métaphysique ou le libre arbitre) permet à Kant de formuler une définition concise : un droit subjectif est un « pouvoir moral d'obliger autrui »[1].

La promotion du droit subjectif au rang de catégorie juridique centrale ne doit rien au hasard. La langue juridique n'a fait que refléter une évolution en cours depuis les débuts de l'ère moderne, et qui a culminé avec les Déclarations des droits américaines et françaises de la fin du XVIIIe siècle. Il est patent, comme l'a souligné Michel Villey, que cette notion est absente du droit romain, où le *jus* désigne une capacité d'agir juridiquement dans un cadre normatif défini par la loi ou l'édit du préteur plutôt qu'une prérogative unilatérale de la personne[2]. Il s'agit donc incontestablement d'une notion *moderne* ; son émergence, à partir de la fin du XVIe siècle (d'abord chez Suarez, puis chez Grotius[3] et, de façon parfaitement claire, chez Hobbes[4]) va de pair avec celle du « sujet de droit », qui participe elle-même de

1. I. Kant, *Rechtslehre*, *AA* VI, p. 237 ; *Doctrine du droit*, p. 25 (trad. modifiée). – Il faut se rappeler que dans le lexique kantien « moral » ne s'oppose pas à « juridique » : la morale est le genre dont droit et éthique (objets respectivement de la *Doctrine du droit* et de la *Doctrine de la vertu*) sont les espèces.

2. Voir M. Villey, *Le droit et les droits de l'homme*, Paris, Puf (Quadrige), 2008, p. 78. Voir également M. Villey, « Les origines de la notion de droit subjectif », dans *Leçons d'histoire de la philosophie du droit*, Paris, Dalloz, 1962, p. 221-250 ; « La genèse du droit subjectif chez Guillaume d'Occam », *Archives de philosophie du droit* 9, 1964, p. 97-127.

3. Voir F. Suarez, *De legibus ac Deo legislatore*, livre I, chap. II, § 5-8 ; H. Grotius, *Le droit de la guerre et de la paix*, livre I, chap. I, § 4-5, trad. fr. P. Pradier-Fodéré, Paris, Puf, 1999, p. 35-36.

4. T. Hobbes, *Leviathan*, chap. 14, *op. cit.*, p. 192 ; *Léviathan*, *op. cit.*, p. 132 : « Il existe certains droits qu'on ne peut concevoir qu'aucun homme les ait abandonnés ou transmis par quelques paroles que ce soit, ou par d'autres signes ».

la « quête de l'identité » dont résulte l'idée moderne de subjectivité[1]. On a donc affaire à un vaste remaniement du champ philosophico-juridique dans lequel la notion de sujet de droit(s) acquiert une position centrale qu'elle n'avait pas dans ses formes prémodernes. Au demeurant, cet individualisme, plus précisément cet atomisme juridique a fait l'objet de diverses critiques, notamment de la part de ceux qui considèrent que le sujet de droit et ses droits supposent un acte objectif d'institution[2].

La montée en puissance des droits subjectifs n'est pas seulement, contrairement à ce que pensait Villey, une regrettable lubie philosophique; elle répond à certaines propriétés structurelles des sociétés modernes, dont les Déclarations des droits ont été le point d'aboutissement plutôt que l'origine. Max Weber a relevé la connexion qui existe entre la formation d'un système juridique dotant les individus de pouvoirs (de « droits ») s'exerçant indépendamment de leurs qualités et de leur statut social et l'action des « deux grandes forces rationalisantes » que sont « l'extension de l'économie de marché » et la restriction du champ du droit « corporatif » au profit de l'État[3]. La promotion des droits accompagne donc la formation d'un marché « libre », mais aussi celle de l'État moderne souverain, qui aboutit à un assujettissement des sujets à un pouvoir centralisé et irrésistible : le *subjectum* est aussi un *subditus* ou, pour le dire en allemand, le *Rechtssubjekt* est aussi un *Untertan.* Foucault le dit de

1. Voir A. de Libéra, *Archéologie du sujet*, 2 : *La quête de l'identité*, Paris, Vrin, 2008.

2. Voir V. Descombes, *Le complément de sujet*, Paris, Gallimard, 2004, p. 416 *sq*.

3. M. Weber, *Wirtschaft und Gesellschaft*, *op. cit.*, p. 419; *Sociologie du droit*, trad. fr. J. Grosclaude, Paris, Puf, 1986, p. 79.

manière hyperbolique : « dès le tout début, l'État fut à la fois individualisant et totalitaire »[1].

La position éminente acquise par les droits subjectifs est aussi liée, comme le montre Niklas Luhmann, à un processus de différenciation fonctionnelle (*Ausdifferenzierung*) qui est le trait distinctif des sociétés modernes. Ce processus a entraîné une transformation de la nature même des droits. Ceux-ci ne sont plus liés à des propriétés statutaires, à l'appartenance à tel ou tel groupe social ; ils sont ceux du sujet juridique « en général », et ont de ce fait un caractère abstrait : ce sont des droits *de l'homme*[2]. Les droits de l'homme sont une « institution paradoxale » – Luhmann va jusqu'à qualifier leur existence de « scandale » – car ils ne sont pas assortis d'obligations de la part de leur titulaire, mais seulement de la part d'autrui. Alors que le *jus* en son acception traditionnelle mettait en œuvre une logique symétrique de la réciprocité des pouvoirs et des obligations, le droit subjectif moderne participe d'une logique asymétrique de la complémentarité ; n'ayant « pas de correctif en lui-même », il est en un sens « le droit injuste »[3]. Au-delà de son intention polémique (Luhmann veut se démarquer de la « religion des droits de l'homme », incarnée à ses yeux par l'œuvre de Jürgen Habermas), ce propos met l'accent sur une propriété structurelle des droits compris comme des pouvoirs intangibles de l'individu ou d'un

1. M. Foucault, « "*Omnes et singulatim*" : vers une critique de la raison politique », dans *Dits et écrits*, t. II, Paris, Gallimard (Quarto), 2001, p. 980.

2. N. Luhmann, *Das Recht der Gesellschaft*, Francfort/Main, Suhrkamp, 1993, p. 115.

3. N. Luhmann, *Ausdifferenzierung des Rechts*, Francfort/Main, Suhrkamp, 1981, p. 365.

groupe défini d'individus. Le découplage du droit et de l'obligation – découplage qui traduit selon Luhmann une colonisation de la sphère juridique par la morale – confère aux droits subjectifs une souplesse leur permettant d'être mobilisés en toute circonstance : un droit de la personne humaine n'est pas lié à une situation particulière, il est susceptible de s'adapter à des contextes indéfiniment variés. C'est une des raisons du succès de la thématique des droits humains.

Résumons : la distinction du droit objectif (*law*) et du droit subjectif (*right*) n'a pas eu seulement pour but de répondre à une difficulté lexicale des langues romanes et germaniques. Elle accompagne une reconfiguration du champ juridique dont résulte en quelque sorte une inversion de la formule bien connue de Bentham, « *right is a son of the law* »[1] : pour la conscience contemporaine, c'est plutôt le droit et la loi qui sont, ou devraient être, « l'enfant » (ou le serviteur) des droits…

Position des droits subjectifs chez Hegel et ses contemporains juristes

Hegel, qui avait une solide connaissance de la littérature juridique de son temps, a pu rencontrer la distinction toute nouvelle entre droit objectif et droit subjectif chez Gustav Hugo, précurseur de l'École historique du droit, avec qui il polémique vigoureusement au paragraphe 3 des *Principes de la philosophie du droit*;

1. J. Bentham, « On the use and abuse of the word "right" », in *Rights, Representation and Reform*, Oxford, Oxford University Press, 2002, p. 400; trad. fr. B. Binoche et J.-P. Cléro, « Sur l'usage et l'abus du mot "droit" », dans B. Binoche et J.-P. Cléro, *Bentham contre les droits de l'homme*, Paris, Puf, 2007, p. 122.

Hugo a lui-même publié une recension assassine de l'ouvrage où il met en doute la compétence du philosophe en matière de droit romain[1]. Cette distinction, dont Hugo confesse qu'elle est maladroite, est faite par exemple au tout début de sa *Juristische Encyclopädie*, parue quelques années avant les *Principes de la philosophie du droit* :

> D'une manière ambiguë, le mot « droit » définit tantôt l'ensemble de certaines vérités, pour lesquelles le grec employait les mots *nomos*, *nomothesia*, le latin tardif, *leges*, *lex*, et les langues modernes *lois*, *loi*, *law*, termes auxquels sont apparentées les expressions doctrine du droit, science du droit, *jurisprudentia* ; tantôt un certain rapport qui constitue l'objet majeur de ces vérités, en grec *dikaion*, en anglais *right*, termes apparentés avec les mots allemands *Gerechtsame*, *Gerechtigkeit*, et les mots latins *potestas*, *facultas* ; [...] De manière très malheureuse, on nomme la première signification « objective » et la seconde « subjective »[2].

Vingt années plus tard, en 1840, le chef de file de l'École historique du droit, Friedrich Carl von Savigny, collègue et puissant rival de Hegel à l'Université de Berlin, définit « ce que certains appellent droit au sens subjectif » comme « un pouvoir dont dispose la personne singulière »[3] ou encore une « compétence » (*Befugnis*), préfigurant ainsi la notion de « puissance de volonté »

1. Voir G. Hugo, Recension des *Grundlinien* dans les *Göttinger Gelehrten Anzeigen*, *in* Hegel, *Vorlesungen über Rechtsphilosophie*, éd. K.-H. Ilting, Band. 1, Stuttgart, Frommann-Holzboog, 1973, p. 377-383 (avec la véhémente réplique de Hegel, p. 384-385).

2. G. Hugo, *Lehrbuch der juristischen Encyclopädie*, § 1, 2e éd., Berlin, Mylius, 1817, p. 1-2 (la première édition date de 1811).

3. F. C. von Savigny, *System des heutigen römischen Rechts*, Band 1, Berlin, Veit, 1840, p. 7.

(*Willensmacht*) que l'école « pandectiste », dont le chef de file est Bernard Windscheid, mettra au centre de sa théorie des droits. Mais Savigny ajoute aussitôt que ce droit requiert une « assise plus profonde »; celle-ci se situe dans le rapport juridique (*Rechtsverhältnis*) des personnes au sein d'une institution juridique (*Rechts-institut*), par exemple la propriété, qui a elle-même un caractère objectif et dont la signification est le produit indisponible d'une création collective et historique de l'esprit du peuple (*Volksgeist*), dont les juristes savants sont les porte-paroles attitrés. Ainsi, le droit objectif, dont la science juridique a pour mission de reconstruire le système, est « la règle générale qui règne sur les droits individuels »[1]. À l'encontre de la vision *right-based* du droit qui inspire les Déclarations des droits, Savigny entend donc privilégier une conception centrée sur la notion de *Rechtsinstitut*; or, dans cette conception, que j'hésite à nommer « objectiviste », les droits ont une position non pas secondaire, mais seconde : dérivée, et non originaire.

Hegel, qui n'ignore évidemment pas le double sens qu'a en allemand le mot *Recht*, n'utilise que rarement les locutions *subjektives Recht* et *objektives Recht*, encore presque inusitées, ou autres expressions voisines. Lorsqu'il le fait, ce n'est d'ailleurs pas au sens technique où les juristes commencent alors à l'employer. Ainsi, le paragraphe 140 des *Principes de la philosophie du droit* évoque « le droit subjectif de la conscience de soi à posséder un savoir [du caractère bon ou mauvais] de l'action » (*Grundlinien*, § 140 Anm., p. 124; *PPD*,

1. F. C. von Savigny, *System des heutigen römischen Rechts*, Band 1, Berlin, Veit, 1840, p. 7. *op. cit.*, p. 9.

p. 297) ; ce « droit de la *liberté subjective* » est le droit (qui est aussi un devoir) qu'a le sujet d'évaluer de façon normative, en conscience, la qualité morale de ses propres actes (*Grundlinien*, § 124, p. 110 ; *PPD*, p. 276). Hegel précise d'ailleurs que ce droit subjectif, sans lequel la conscience morale n'est qu'un vain mot, doit être mesuré (et subordonné) à ce qu'il nomme « le droit absolu de *l'objectivité* » (*Grundlinien*, § 140 Anm., p. 124 ; *PPD*, p. 297), qui fait que la définition du Bien moral n'est pas livrée à l'arbitraire ou aux petits arrangements de la casuistique. Pareillement, après avoir proclamé « le droit de la *volonté subjective* », qu'il qualifie de « droit suprême du sujet », le paragraphe 132 des *Principes* affirme que ce « droit subjectif » est en tout état de cause subordonné au « *droit du rationnel*, en tant que droit de l'*objectif* » qui « demeure solidement campé face à lui » (*Grundlinien*, § 132 Anm., p. 115 ; *PPD*, p. 284). Au demeurant, ce droit du sujet concerne la seule subjectivité *morale*, et non pas le sujet de droit (la personne juridique : voir *Grundlinien*, § 35-36, p. 51-52 ; *PPD*, p. 182-183) : ce n'est aucunement un « droit subjectif » au sens juridique du terme, mais un pouvoir qu'a le sujet moral de ne reconnaître une action comme sienne que s'il n'y a pas été contraint. De ce droit, le sujet peut parfois faire un fort mauvais usage, dont les diverses formes (hypocrisie, probabilisme, etc.) font l'objet d'une critique impitoyable dans la Remarque du paragraphe 140 des *Principes de la philosophie du droit*. La subjectivité, lorsqu'elle exerce son droit, ne devrait jamais oublier que son exercice est en toute hypothèse encadré par le « droit du monde » et le « droit de l'idée » (*Grundlinien*, § 33, p. 32 ; *PPD*, p. 179) ; mais le droit de l'objectivité et les normes qui l'énoncent ont, en contrepartie, besoin d'obtenir l'adhésion non contrainte des sujets.

Même lorsqu'il s'agit du droit *stricto sensu*, à savoir du droit abstrait (privé), où la personne et ses droits ont une place centrale, Hegel souligne toujours le caractère fondamentalement objectif du droit : « le droit rationnel », écrit-il dans l'*Encyclopédie*, s'identifie à « la liberté objective », et doit être soigneusement distingué de la « liberté formelle » et de « l'intérêt privé particulier », auxquels il ne doit pas être « sacrifié » (*Enzykl* 3, § 544 Anm., p. 519 ; *Encycl* 3, p. 322). Le droit, c'est avant tout la liberté objectivée dans des normes et des institutions qui résistent à l'invasion de l'arbitraire subjectif tout comme aux diverses formes d'aliénation liées à une pression externe, sociale par exemple. Toutefois, ces normes objectives, à la fois juridiques, morales et éthiques, requièrent l'engagement de la disposition d'esprit subjective, faute de quoi elles seront dépourvues d'effectivité (comme la norme abstraite du Bien moral risque toujours de l'être). La question de la part respective du subjectif et de l'objectif dans la conceptualisation hégélienne du droit et des droits n'est donc pas épuisée : Hegel pense-t-il le droit objectif (*the law*) à partir du droit subjectif (*the right*) ou, inversement, fait-il du droit subjectif (cette fois au sens juridique du terme) un effet du droit objectif ou, comme dit Bentham, son enfant ?

DROIT OBJECTIF ET DROITS SUBJECTIFS CHEZ HEGEL : APPROCHE QUANTITATIVE

Si nous procédons à un recensement des occurrences du mot *Recht* et de sa famille lexicale (*rechtlich, unrechtlich, Unrecht, Gerechtigkeit*, etc.) dans les *Principes de la philosophie du droit*, trois cas se présentent : celui où ce mot a exclusivement le sens de droit subjectif (*right*), celui où il désigne clairement le droit objectif (*law*), enfin celui où les deux significations semblent se chevaucher. En établissant un relevé exhaustif de ces occurrences, ce que j'ai fait, il est possible de déterminer en chaque occasion laquelle de ces trois possibilités est en jeu.

Exemple du premier cas, le plus fréquent (environ 50 % des occurrences répertoriées) : « La personne a le droit de déposer sa volonté en toute Chose (*Sache*), laquelle devient par là la *mienne* [et] reçoit ma volonté pour fin substantielle [...], pour détermination et pour âme » (*Grundlinien*, § 44, p. 57 ; *PPD*, p. 191) ; ici, il est évidemment question du droit de propriété entendu comme droit subjectif, autrement dit du droit qu'a la personne, en tant qu'elle est dotée de la capacité juridique (*Rechtsfähigkeit*), de « se donne[r] une *sphère* externe *de sa liberté* » (*Grundlinien*, § 41, p. 55 ; *PPD*, p. 188). La personnalité ne se réduit sans doute pas à la personnalité juridique, mais celle-ci en est la conséquence inéluctable : être une personne, c'est avant toute chose être un titulaire de droits. C'est pourquoi la personnalité est « le concept et l'assise, elle-même abstraite, du droit abstrait et par conséquent *formel* » (*Grundlinien*, § 36, p. 52 ; *PPD*, p. 183). De manière plus générale, lorsque le mot *Recht* est accompagné d'un possessif ou d'un déterminant, ou (à quelques rares exceptions près) lorsqu'il est utilisé au pluriel (*die Rechte*), c'est bien entendu le sens « subjectif » (*right*) qui l'emporte. Ceci ne concerne pas la seule sphère du droit privé, où sont examinés les droits des personnes et les obligations qui leur correspondent dans le commerce juridique, mais aussi la sphère de la moralité et celle de l'éthicité, dont une des différences majeures avec les deux précédentes sphères est la concomitance (et non la simple complémentarité) des droits et des obligations :

> Dans cette identité de la volonté universelle et de la volonté particulière, *obligation* et *droit* viennent [...] se confondre, et l'homme, grâce à l'élément-éthique (*das Sittliche*), a des droits dans la mesure où il a des obligations, et des obligations dans la mesure où il a des droits. (*Grundlinien*, § 155, p. 143 ; *PPD*, p. 324 ; voir également *Grundlinien*, § 261, p. 209-210 ; *PPD*, p. 432-433)

Il faudra néanmoins revenir sur la question : le couplage opéré par Hegel du droit abstrait, de la personnalité et de la volonté signifie-t-il, et jusqu'à quel point, que la conception hégélienne du droit est, comme dit Dworkin, *right-based* ?

Exemple du deuxième cas (environ 25 % des occurrences), où le mot *Recht* désigne principalement le droit objectif au sens large du terme, c'est-à-dire un ensemble plus ou moins systématisé de normes indépendantes du bon vouloir des individus : les paragraphes 211 et 212, qui proclament la nécessité, pour le droit, de se voir conférer la forme universalisante de la loi (*Gesetz*) :

> Ce qui est *en soi* du droit est, *posé* dans son être-là objectif, c'est-à-dire déterminé par la pensée pour la conscience et *admis familièrement* comme ce qui est le droit et ce qui a validité, la *loi* ; et le droit est, par cette détermination, droit *positif* en général. [...] Dans cette identité de *l'être-en-soi* et de *l'être-posé*, seul ce qui est *loi* a force obligatoire en tant que *droit*. (*Grundlinien*, § 211-212, p. 175 et 177 ; *PPD*, p. 375-376 et 378)

Les deux traductions anglaises actuellement en usage ont traduit ici le mot *Recht* par *right* et le mot *Gesetz* par *law*. Or ceci pose plusieurs problèmes qui concernent l'idée même du droit selon Hegel. Il me semble peu contestable que l'équivalence qui est établie dans ce passage entre *Recht* et *Gesetz*, ou du moins l'affirmation selon laquelle le droit a vocation à devenir *Gesetz*, renforcée par la vive critique qui est faite de la « prodigieuse confusion » de la *common law* et du droit jurisprudentiel britanniques, implique que, dans ce contexte, le mot *Recht* a d'abord la signification d'un corps de normes objectives ; les droits subjectifs ne sont concernés que dans la mesure où la loi – en l'occurrence, la loi positive – les établit et les garantit. Par ailleurs, le même paragraphe précise que le mot *Gesetz* au sens strict de « loi formelle » est l'équivalent de l'anglais *statute*, qu'il faut distinguer d'une « prétendue *loi non écrite* », c'est-à-dire du droit jurisprudentiel (*Grundlinien*, § 212 Anm, p. 176 ; *PPD*, p. 376). Il faut donc comprendre que la *common law*, qui inclut à la fois les *statutes* (= *Gesetze*) et le droit coutumier et jurisprudentiel, a une extension plus large que le domaine des lois au sens continental du mot. Les traductions anglophones, qui utilisent le mot *right* pour désigner aussi bien le droit que les droits, et le mot *law* comme traduction de *Gesetz*, ne tiennent compte ni de la double signification du mot *Recht*, ni du sens exact du mot *Gesetz*, qui ne couvre qu'une partie du champ sémantique de *the law*.

Enfin, dans un nombre relativement important de cas (environ 25 % des occurrences), le mot *Recht* semble bien comporter les deux significations de droit objectif et de droit subjectif, par exemple lorsque Hegel écrit :

> Le terrain du droit est, de manière générale, le *spirituel*, et sa situation et son point de départ plus précis sont la *volonté* qui est *libre*, si bien que la liberté constitue sa substance et sa destination et que le système du droit est le règne de la liberté effectuée, le monde de l'esprit produit à partir de l'esprit lui-même, en tant que seconde nature. (*Grundlinien*, § 4, p. 31 ; *PPD*, p. 151)

La référence à la volonté libre en tant que « point de départ » du droit semble impliquer à première vue une primauté de la dimension « subjective » : le droit, c'est d'abord *mon* droit, en tant que celui-ci correspond à un acte de volonté s'exprimant dans certaines formes. Mais la prise en considération du « système du droit » et sa caractérisation comme « seconde nature » de l'esprit engage, quant à elle, une compréhension « objective » du droit comme corps de normes dont la quasi-naturalité (ou l'apparente naturalité) témoigne de son indépendance à l'égard de la subjectivité des acteurs juridiques. Ici, comme dans bien d'autres cas, *das Recht* désigne un ensemble complexe de prescriptions et de pouvoirs dont il importe de penser l'articulation. Ainsi, dans un autre paragraphe, Hegel oppose « le droit *en soi*, ou la volonté en tant qu'*universelle* », et « le droit dans son *existence*, laquelle est précisément la *particularité* de la volonté » (*Grundlinien*, § 81 Anm., p. 84 ; *PPD*, p. 237). Certes, la référence à la volonté peut nous inciter à penser que dans les deux cas c'est bien la signification subjective du concept de droit qui est en cause : Hegel, en somme, opposerait « mon droit », ou plutôt ma revendication d'un droit, au(x) droit(s) de la personne en général. Cette lecture est plausible. Mais il ne faut pas oublier que pour Hegel la volonté qui est au fondement du droit n'est pas identique à la volonté subjective, à celle de l'individu singulier : elle est une « volonté *absolument objective* » (*Grundlinien*, § 26, p. 44 ; *PPD*, p. 172), une volonté qui s'élève à l'universalité et se sépare de ce qu'elle peut avoir d'arbitraire, de « subjectif ».

Ce que nous apprend cette brève enquête n'a, au fond, rien de renversant : d'un passage à l'autre, Hegel mobilise tout le spectre des significations que peut recevoir le mot *Recht*. Cette souplesse est d'autant plus nécessaire que les *Principes de la philosophie du droit* procèdent à une extension considérable de l'usage du vocabulaire du droit, en l'appliquant à chacune des configurations de ce que l'*Encyclopédie* nomme l'esprit objectif :

> Chaque degré du développement de l'idée de la liberté a son droit propre, parce qu'il est l'être-là de la liberté dans une de ses déterminations propres. (*Grundlinien*, § 30 Anm., p. 46 ; *PPD*, p. 175-176)

Mais ceci ne fait que déplacer la question. En effet, que signifie, « son droit propre » ? Cela veut-il dire que chaque strate de l'esprit objectif a, en quelque sorte, un droit subjectif, un *right* à exister au même titre que les autres ? Ou bien cela veut-il dire que chacune de ces strates (le droit abstrait, la moralité, les diverses composantes de l'éthicité) possède son propre régime normatif ? Les deux, sans doute… Au demeurant, la suite du même paragraphe lève en partie l'ambiguïté. Hegel déclare en effet :

> La moralité, l'éthicité, l'intérêt de l'État, chacun de ces degrés *est* un droit en propre, parce que chacune de ces figures est une détermination et un être-là de la *liberté*. (*Grundlinien*, § 30 Anm., p. 46; *PPD*, p. 176, souligné par moi)

L'utilisation du verbe « être » là où on attendrait « avoir » montre que, dans ce paragraphe des *Principes*, Hegel considère d'abord le droit (ou les différentes sphères du droit au sens large) comme un corpus objectif de normes. Mais, naturellement, à chacune de ces sphères va correspondre un type spécifique de droits subjectifs et de vecteur de ces droits : les droits de la personne juridique, ceux de la subjectivité morale, ceux du membre de la communauté familiale, ceux de l'acteur de la société civile (du « bourgeois »), ceux enfin du citoyen politique. Ces types de droits sont différents, comme sont différentes les configurations institutionnelles dans lesquelles ils s'inscrivent.

Le seul moyen de lever ces ambiguïtés – ou au contraire d'en justifier l'existence – est de s'interroger sur l'articulation des concepts de droit, de volonté et de liberté, ce qui requiert de réinscrire la philosophie du droit et des droits de Hegel dans le contexte de sa philosophie de l'esprit et, par voie de conséquence, de sa Logique, puisque celle-ci est l'assise du système.

DROIT, LIBERTÉ, VOLONTÉ : LE RÉSEAU CONCEPTUEL PRIMAIRE DE L'ESPRIT OBJECTIF

L'Introduction des *Principes de la philosophie du droit* donne la définition suivante du droit :

> Qu'un être-là en général soit l'*être-là* de la *volonté libre*, tel est le *droit*. – Il est de ce fait, de manière générale, la liberté en tant qu'idée. (*Grundlinien*, § 29, p. 45 ; *PPD*, p. 174)

Cette définition reprend de manière condensée celle qui avait été donnée au paragraphe 4, déjà cité. Faisant du droit l'expression extérieure de la volonté libre, qui est son « point de départ » (*Grundlinien*, § 4, p. 31 ; *PPD*, p. 151), la définition combine deux concepts « épais » (*thick concepts*)[1], ceux de volonté et de liberté, et les associe à celui d'idée. Tout ceci ne devient intelligible que si on prend acte du vaste remaniement que subissent ces différents concepts dans la pensée de Hegel.

À première vue, la définition du droit comme « être-là de la volonté libre » range Hegel dans le camp de ceux pour qui les droits subjectifs naturels, existant pour ainsi dire par eux-mêmes, sont le fondement du droit objectif et de ses normes. Le second titre, juxtaposé au premier, du livre de 1820 : *Droit naturel et science de l'État*, va apparemment dans ce sens, puisqu'il reprend l'opposition jusnaturaliste entre le droit naturel, c'est-à-dire avant tout *les* droits naturels de l'individu, et l'État (autrement dit la *societas civilis* au sens pré-hégélien, politique, de l'expression), lequel garantit ces droits

1. Pour la distinction entre *thick concepts* et *thin concepts*, voir B. Williams, *L'éthique et les limites de la philosophie*, trad. fr. M.-A. Lescourret, Paris, Gallimard, 1990, p. 152 *sq.*

en les incorporant à l'ordre objectif du droit-*law*. Or la Remarque du même paragraphe 29 critique rudement une telle vision « subjectiviste » du droit et les conséquences qu'elle comporte quant à la conception de la volonté et de sa liberté :

> La définition [kantienne] du droit [...] contient le point de vue principalement répandu depuis *Rousseau*, selon lequel ce qui doit être l'assise substantielle et le terme premier, c'est la volonté non pas comme volonté étant en et pour soi, comme volonté rationnelle, c'est l'esprit non pas comme esprit *vrai*, mais comme individu *particulier*, comme volonté de l'individu singulier dans l'arbitre qu'il a en propre. Selon ce principe, une fois qu'il est admis, le rationnel ne peut bien entendu ressortir que comme restreignant cette liberté, de même qu'il ne peut ressortir comme ce qui est rationnel de façon immanente, mais seulement comme un universel externe, formel. Ce point de vue-là est dépourvu de toutes les pensées spéculatives et il est récusé par le concept philosophique. (*Grundlinien*, § 29 Anm., p. 45-46; *PPD*, p. 175)

Contre Rousseau et Kant, qui prennent pour point de départ la volonté de l'individu et qui, par conséquent, ne conçoivent le droit objectif (« le rationnel ») que comme une restriction au moins apparente des droits subjectifs de l'individu[1], Hegel souligne que l'assise véritable du droit n'est pas la volonté individuelle, mais la volonté

1. Rousseau tempère cette conclusion en posant que le contrat social n'est en réalité qu'un « échange avantageux » de la liberté naturelle contre la liberté civile (*Du contrat social*, livre II, chapitre 4, note, *Œuvres Complètes*, t. III, Paris, Gallimard, 1964, p. 375). De même, Kant pointe la nécessité d'une conversion des droits naturels « provisoires » en droits « péremptoires », garantis par la puissance commune (*Rechtslehre*, § 9, *AA* VI, p. 257 ; *Doctrine du droit*, p. 50).

universelle et rationnelle, « la volonté *absolument objective* » (*Grundlinien*, § 26, p. 44 ; *PPD*, p. 172) qui est déposée dans un ensemble de normes indépendantes du bon vouloir de quiconque. Le paragraphe 258 des *Principes de la philosophie du droit* réaffirme, contre ce que Hegel croit être la conception rousseauiste de la volonté générale, l'objectivité fondamentale du vouloir rationnel qui est le principe du droit :

> À l'encontre du principe de la volonté singulière, il faut rappeler le concept fondamental [:] la volonté objective est le rationnel en soi dans son *concept*, qu'il soit connu des individus singuliers et voulu par leur bon plaisir ou non ; – le terme opposé, le savoir et le vouloir, la subjectivité de la liberté qui est maintenue *seule* dans ce principe-là, contient seulement le *premier* moment, [moment] pour cette raison unilatéral, de l'*idée de la* volonté *rationnelle*, laquelle n'est telle que par le fait qu'elle est aussi bien *en soi* qu'elle est *pour soi*. (*Grundlinien*, § 258 Anm., p. 203 ; *PPD*, p. 420)

La volonté libre dont le droit est la manifestation ou l'être-là (*PPD*, § 4 et 29) n'est donc pas la volonté de l'individu ; celui-ci peut même ignorer l'idée du vouloir rationnel, voire s'y opposer frontalement. Toutefois, ce vouloir objectif incorporé dans des « *lois* et *institutions qui sont en et pour soi* » (*Grundlinien*, § 144, p. 137 ; *PPD*, p. 316), dans les institutions juridiques et les mœurs sociales, requiert, pour ne pas demeurer abstraitement universel, d'être porté par l'adhésion que lui apportent les volontés subjectives :

> La volonté *objective*, en tant que *dépourvue de la forme infinie* de la conscience de soi, est la volonté immergée dans son objet ou dans sa situation, telle

> qu'elle est agencée d'après son contenu – la volonté infantile, éthique, tout comme la volonté servile, superstitieuse, etc. – L'*objectivité* est, finalement, la forme unilatérale en opposition à la détermination subjective de la volonté, elle est ainsi l'immédiateté de l'être-là, en tant qu'existence *extérieure* ; la volonté, en ce sens, ne devient pour elle-même *objective* que par l'exécution de ses fins. (*Grundlinien*, § 26, p. 44 ; *PPD*, p. 172)

Cette nécessaire appropriation par la subjectivité individuelle du contenu universel de la volonté objective (à savoir des normes du droit au sens large) entraîne un dépassement de ces figures incomplètes que sont la volonté subjective et la volonté objective abstraite au profit d'une objectivité vécue à travers des pratiques « éthiques » qui, inscrites dans le monde objectivé de l'esprit, sont aussi subjectives en ce qu'elles engagent la conscience et les choix normatifs de sujets concrets, bien que finis.

Le remaniement hégélien du concept de volonté ne consiste donc pas seulement à le désubjectiver ; il s'agit surtout de l'affranchir de l'opposition entre objectivité et subjectivité et, par voie de conséquence, d'écarter la topique traditionnelle des facultés de l'esprit qui organisait « l'ancienne *métaphysique de l'âme* » (*WdL* 3, p. 193 ; *SL* 3, p. 249), et notamment l'opposition entre *voluntas* et *ratio*[1]. La volonté n'est pas une « faculté » de l'esprit, un pouvoir susceptible de s'exercer,

1. Le dernier Kant a précédé Hegel dans cette voie : lui aussi élimine l'opposition entre raison et volonté, en même temps qu'il creuse la distance entre volonté (*Wille*) et arbitre (*Willkür*) : *Metaphysik der Sitten*, Einleitung, *AA* VI, p. 213 ; *Métaphysique des mœurs*, p. 161-162.

parallèlement à celui de la raison subjective, dans et sur un monde de choses existant par lui-même ; elle est un *processus* d'auto-réalisation, un se faire monde. La liberté du vouloir tient précisément à cette capacité à se dessaisir de soi, à s'inscrire dans l'objectivité d'un monde qui devient ainsi *son* monde tout en échappant à sa prise ; autrement dit, elle consiste à se faire esprit objectif et, ce faisant, à s'exprimer dans le registre de la nécessité. C'est ce qui justifie la reprise, aux paragraphes 5 à 28 de l'Introduction des *Principes de la philosophie du droit*, de l'exposé de « l'esprit pratique » qui conclut la théorie de l'esprit subjectif dans la première édition de l'*Encyclopédie* (*Enzykl* 1, § 388-399, p. 217-223 ; *Encycl* 3, p. 140-146[1]) ; il y est précisé ce qu'il faut entendre par volonté (*Wille*) et par volonté libre, et aussi ce qui distingue le concept de volonté des concepts appartenant à la même famille, en particulier, au paragraphe 15, celui d'arbitre (*Willkür*). La description, au terme de l'analyse de l'esprit subjectif, du processus d'objectivation de la volonté est ainsi, en employant un vocabulaire kantien, la déduction du concept de droit (ou d'esprit objectif). C'est la raison pour laquelle Hegel peut affirmer au début de l'Introduction des *Principes de la philosophie du droit* :

> Quant à son *advenir*, le concept du droit tombe en dehors de la science du droit, sa déduction est ici présupposée, et il est à admettre comme *donné*. (*Grundlinien*, § 2, p. 23 ; *PPD*, p. 138)

1. Y correspondent dans la deuxième édition (1827) les paragraphes 469-480. La troisième édition de l'*Encyclopédie* (1830) intègre à l'exposé de « L'esprit subjectif » les deux premiers paragraphes (481-482) de « L'esprit objectif » ; ils forment désormais la subdivision intitulée « L'esprit libre » de la section « Psychologie ».

Or, comme le souligne l'exposé de « l'idée pratique » dans la *Science de la Logique*, ce processus d'objectivation de la volonté comporte une composante intellectuelle, parce qu'il tend de lui-même vers l'universel : vouloir librement, ce n'est pas choisir entre des possibles donnés (telle est la fonction de l'arbitre, qui est ainsi engagé dans le mauvais infini des raisons et contre-raisons), c'est plutôt s'abstraire de toute détermination particulière, et ainsi (se) penser, c'est-à-dire réaliser sur un mode universel son propre concept abstrait :

> La conscience de soi qui purifie et élève jusqu'à l'universalité son ob-jet (*Gegenstand*), son contenu et sa fin, le fait en tant qu'elle est la *pensée* qui s'*impose* dans la volonté. C'est *sur ce point qu'il appert* que la volonté n'est volonté véritable, libre, qu'en tant qu'intelligence *pensante*. (*Grundlinien*, § 21 Anm., p. 41 ; *PPD*, p. 168)

Analyse confirmée par un paragraphe des deuxième et troisième éditions de l'*Encyclopédie* qui articule liberté, volonté et pensée :

> Ce concept, la liberté, n'est essentiellement qu'en tant que [la] pensée ; le chemin de la volonté, [à savoir] de se faire esprit *objectif*, consiste à s'élever à la volonté pensante, à se donner le contenu qu'elle ne peut avoir que comme volonté qui se pense. (*Enzykl* 3, § 469, p. 466 ; *Encycl* 3, p. 267)

Cette capacité qu'a le vouloir libre de « se faire être », de se porter à l'être en réalisant son propre concept, ne doit donc pas être entendue comme un simple attribut de la subjectivité finie, du Moi. Elle n'est pas une propriété « ontologique », avec ce que ce terme peut impliquer de fixité, elle est bien plutôt une dynamique d'objectivation ; l'*Encyclopédie* précise d'ailleurs, en une formule frappante, que la liberté est « l'effectivité des hommes, non celle qu'ils *ont*, mais celle qu'ils *sont* » (*Enzykl* 3, § 482 Anm., p. 477 ; *Encycl* 3, p. 279). De surcroît, cette liberté du vouloir rationnel s'inscrivant dans les configurations de l'esprit objectif est un processus *dialectique* d'accession médiate à une identité qui n'est en aucun cas donnée ou initiale. En tant qu'être auprès de soi dans l'autre (*Beisichsein im Anderen*), la liberté est toujours à penser comme libération, et celle-ci, comme l'indique la Préface de la *Phénoménologie de l'esprit*, passe par la confrontation avec la « puissance prodigieuse du négatif », un négatif que l'esprit doit « regarder en face » pour conquérir son identité propre (*PhG*, p. 27 ; *PhE*, p. 80, trad. fr. modifiée). Au demeurant, cette accession à la liberté ne signifie pas que le négatif (en d'autres termes, la résistance du monde naturel et humain) soit aboli, effacé, comme s'il ne s'agissait que d'un mauvais moment à passer ; c'est bien plutôt en s'installant dans la négativité, en concevant que celle-ci n'est pas un donné étranger et hostile mais sa propre extériorité à soi, que l'esprit (ici sous la figure de la volonté) accède à la liberté. La sphère de l'esprit objectif est le terrain privilégié de cette épreuve inéluctable du négatif comme condition d'accession à la liberté authentique.

Si on se souvient que, dans la *Science de la Logique*, l'idée, unité du concept subjectif et de l'objectivité, est définie comme « *sujet-objet* »[1] (*WdL* 3, p. 176 ; *SL* 3,

1. Hegel emprunte cette expression à Schelling qui l'emploie aussi bien dans le *Système de l'idéalisme transcendantal* (1800) que dans l'*Exposition de mon système* (1801) ; mais elle se rencontre déjà chez Fichte, dans l'*Essai d'une nouvelle présentation de la Doctrine de la Science* (dans *La doctrine de la Science* nova methodo, trad. fr. I. Radrizzani, Lausanne, L'Âge d'Homme, 1989, p. 177).

p. 229; *Enzykl* 3, § 162 et 214, p. 177 et 216; *Encycl* 1, p. 408 et 447), on comprend que ce n'est aucunement par simple habitude de langage que le droit est défini, au paragraphe 29 des *Principes de la philosophie du droit*, comme « la liberté en tant qu'idée ». Ce n'est pas non plus fortuitement que, dès le début de l'Introduction des *Principes*, l'objet de la « science philosophique du droit » est défini comme « l'*idée du droit*, [à savoir] le concept du droit et l'effectuation de celui-ci » (*Grundlinien*, § 1, p. 23 ; *PPD*, p. 137). Le droit (l'esprit objectif) est idéel au sens logique du terme, en ce qu'il surmonte progressivement l'opposition des dimensions subjective et objective de l'esprit, et aussi celle des deux facettes (singulière/subjective et universelle/objective) de la volonté dont il s'agit d'abolir (*aufheben*) la contradiction structurelle. Lorsque sont réconciliées ces deux dimensions, la volonté, accédant à la conscience de sa liberté, est « l'idée véritable » (*Grundlinien*, § 21, p. 41 ; *PPD*, p. 168) : elle est subjective, puisque ses actes émanent de sujets finis mais conscients de la portée universelle de leurs buts, et objective, puisque ces actes s'inscrivent dans un réseau indisponible de croyances, de pratiques et de normes.

LE DROIT, LES DROITS ET LES OBLIGATIONS DANS LE CONTEXTE D'INSTITUTIONS

La volonté libre, plus précisément la « *volonté libre qui est pour elle-même comme volonté libre* », autrement dit « la volonté rationnelle » (*Enzykl* 3, § 481-482, p. 476 ; *Encycl* 3, p. 277-278), constitue le point d'aboutissement du développement de l'esprit subjectif. Mais cette volonté rationnelle elle-même, pour se tenir à la hauteur de sa propre universalité, doit s'émanciper de sa figure subjective– celle de *ma* volonté –et « réaliser son concept, la liberté, dans le côté extérieurement objectif » (*Enzykl* 3, § 484, p. 478 ; *Encycl* 3, p. 281-282). Tel est, de façon générale, le caractère distinctif de l'esprit objectif : il s'agit d'un ensemble de configurations (normes, pratiques, croyances, institutions) donnant à la liberté une teneur objective, indépendante du bon vouloir des subjectivités singulières, mais requérant pourtant leur adhésion – raison pour laquelle la référence à la volonté (devenue objective, certes) demeure indispensable dans cette sphère ; mais elle s'accompagne d'une profonde révision du concept de volonté. Ces configurations, qui forment en particulier le dense réseau de l'éthicité, sont le vecteur de cette adhésion (qui, au demeurant, ne peut jamais être extorquée), en ce qu'elles contribuent à engendrer une « unité de la volonté rationnelle avec la volonté singulière » (*Enzykl* 3, § 485, p. 479 ; *Encycl* 3, p. 282). De plus, cette adhésion subjective aux normes universelles et objectives de l'action prend des formes différentes dans les diverses strates de la *Sittlichkeit* : l'amour dans la famille (*PPD*, § 163), la droiture et l'honneur corporatif dans la société civile (*PPD*, § 207), le patriotisme, forme moderne de la « disposition politique », dans la sphère de l'État (*PPD*, § 268).

Quelles conséquences cette redéfinition de la volonté et de la liberté en termes de processus abolissant l'opposition du subjectif et de l'objectif a-t-elle sur le statut du droit et des droits ? La théorie hégélienne du droit est-elle *right-based*, comme le supposent les traducteurs anglophones et bon nombre de commentateurs ? Est-elle au contraire *duty-based* ? Ne cherche-t-elle pas plutôt à contourner cette alternative[1]? L'Introduction de la section consacrée à l'esprit objectif dans l'*Encyclopédie* offre des éléments de réponse à ces questions. L'esprit objectif combine deux processus interdépendants : d'une part, celui de l'unification de la volonté individuelle et de la volonté universelle (ou, dans les termes de Rousseau, de la volonté particulière et de la volonté générale) ; d'autre part, celui de l'objectivation de la liberté qui, « configurée en l'effectivité d'un monde, reçoit la *forme de la nécessité* » (*Enzykl* 3, § 484, p. 478 ; *Encycl* 3, p. 282). De ce fait, et tout au long de son développement, l'esprit objectif comporte à la fois une dimension objective et une dimension subjective : il se compose *et* de configurations normatives impersonnelles, que désigne ici le terme générique « loi » (on pourrait aussi parler de droit objectif, en y incluant les normes morales), *et* de modes d'appropriation subjective de cette normativité – les « coutumes éthiques » (*Sitten*) ou, si l'on veut, les croyances partagées incorporées dans des pratiques (*Enzykl* 3, § 485, p. 479 ; *Encycl* 3, p. 282) : l'esprit objectif, c'est, comme l'a indiqué Montesquieu, dont Hegel loue la « profondeur du regard » (*Grundlinien*, § 273 Anm., p. 227 ; *PPD*, p. 463), l'unité complexe, jamais complètement stabilisée, des lois et institutions avec « l'esprit général, les mœurs et les manières d'une nation »[2].

1. Je laisse de côté le troisième type de conception défini par Dworkin (*goal-based*), propre aux diverses formes d'utilitarisme, car la théorie hégélienne des droits est étrangère à la perspective utilitariste, sinon à toute forme de conséquentialisme.

2. Montesquieu, *L'esprit des lois*, titre du livre XIX, éd. R. Derathé, Paris, Classiques Garnier, 2011, t. I, p. 327.

Le paragraphe 486 des deuxième et troisième éditions de l'*Encyclopédie*, complétant les paragraphes 151 et 261 des *Principes de la philosophie du droit*, permet de préciser le statut des droits subjectifs dans l'économie générale de l'esprit objectif. Il commence par justifier l'extension de l'usage du concept de *Recht*, au-delà du « droit juridique borné », à l'ensemble des déterminations de l'esprit objectif, en tant qu'elles sont des « déterminations de la liberté » (*Enzykl* 3, § 486, p. 479 ; *Encycl* 3, p. 282) ; relève du droit, en quelque sorte, tout ce qui a rapport avec de la normativité objective (institutionnalisée). Hegel souligne ensuite que ces déterminations apparaissent tout d'abord aux individus comme des obligations ou des devoirs (*Pflichten*) ayant vocation à s'intérioriser sous forme d'habitudes, de coutumes et de mœurs, donc de pratiques « involontaires », y compris lorsqu'elles génèrent pour eux des droits. C'est ce qu'on peut vérifier à propos du droit privé, qui est pourtant à première vue le domaine qui se prête le mieux à une lecture *right-based*; en effet, même si le fil conducteur de l'analyse du « droit abstrait » est la notion de droit subjectif (dont la propriété est le paradigme), Hegel souligne d'emblée que ces droits, ceux de la personne, sont les corrélats d'une obligation fondamentale, qu'il nomme de manière très kantienne la prescription du droit (*Rechtsgebot*) : « *sois une personne et respecte les autres en tant que personnes* » (*Grundlinien*, § 36, p. 52 ; *PPD*, p. 183). C'est donc, si je puis dire, la norme objective de la personnalité qui génère et justifie les droits subjectifs tels qu'ils sont déclinés dans les sections traitant de la propriété, du contrat et des formes de violation et de rétablissement du droit.

Au demeurant, et c'est le principal enseignement du paragraphe 486 de l'*Encyclopédie*, il importe de surmonter l'opposition schématique entre une vision *right-based* et une vision *duty-based* du droit, car « cela même qui est un droit est aussi un devoir, et ce qui est un devoir est aussi un droit » (*Enzykl* 3, § 486, p. 479 ; *Encycl* 3, p. 283). C'est seulement « dans le champ du phénomène » que droits et obligations semblent distribués entre des personnes différentes, selon le schéma : le droit de A a pour corrélat l'obligation de B, et réciproquement. Mais, « selon le concept », chaque type de droit subjectif est, *pour son titulaire lui-même*, assorti d'obligations. Par exemple, si je suis propriétaire d'une chose, j'ai sur elle un droit exclusif, mais ce droit s'accompagne de l'obligation de manifester par l'usage, l'entretien, etc., ma volonté d'en être et d'en demeurer le propriétaire (*Grundlinien*, § 64, p. 69 ; *PPD*, p. 213). Même le droit que j'ai sur mon propre corps (qui proscrit ce « non-droit absolu » qu'est l'esclavage, même si les arguments abolitionnistes habituels sont déficients : *Grundlinien*, § 57 Anm., p. 64-65 ; *PPD*, p. 205), doit être étayé par le travail d'appropriation de soi qu'est pour chacun la culture matérielle et spirituelle de ses aptitudes (*Grundlinien*, § 52 Anm., p. 62 ; *PPD*, p. 200). Bref, « l'apparence de la différence entre droits et devoirs » doit être surmontée : elle tient seulement à « la finité de la volonté objective », en l'occurrence au décalage qui persiste dans la sphère de l'esprit objectif entre les déterminations normatives et la façon dont elles sont intériorisées par les sujets (*Enzykl* 3, § 486, p. 480 ; *Encycl* 3, p. 283).

En dépit de cette convertibilité des droits et des obligations, qui tend même vers leur identité fondamentale, les choses se présentent différemment dans chacune des trois sphères de l'esprit objectif, comme le note la Remarque du même paragraphe 486 de l'*Encyclopédie*. En substance, on peut dire que dans la sphère du droit abstrait prévaut (au moins en apparence) le point de vue des droits de la personne, dont les normes juridiques fixent les formes d'acquisition, de transfert et de rétablissement. Dans la sphère de la moralité prédomine au contraire le point de vue des obligations ; il s'agit alors de réduire l'écart qui existe entre la norme objective (le Bien, corrélat des devoirs du sujet moral) et l'aspiration subjective à l'autodétermination (le « *droit de la volonté subjective* » : *Grundlinien*, § 33 et 107, p. 48 et 100 ; *PPD*, p. 179 et 261), tout en démasquant les biais subjectifs qui, consciemment ou non, tendent à éluder la norme morale ou à justifier sa violation au nom des circonstances particulières, de la pureté des intentions, etc. C'est seulement dans la sphère de la *Sittlichkeit* que la thèse hégélienne de la congruence entre droits et obligations est pleinement vérifiée : « l'homme, grâce à l'élément-éthique (*durch das Sittliche*), a des droits dans la mesure où il a des obligations, et des obligations dans la mesure où il a des droits » (*Grundlinien*, § 155, p. 143 ; *PPD*, p. 324). Que ce soit dans la famille, dans la société civile ou dans l'État, l'individu n'a pas seulement des droits auxquels sont corrélées des obligations de la part d'autrui ; ses droits génèrent des obligations *pour lui-même* (celles des parents envers leurs enfants, celles de l'acteur social envers les groupements institutionnels auxquels il appartient, celles du citoyen envers la communauté politique), faute de quoi ils ne sont pas de véritables droits. C'est donc *sous un même rapport* que les sujets éthiques ont des droits et des obligations :

c'est en accomplissant mes obligations que je rends effectives mes prétentions juridiques, qui deviennent ainsi de véritables droits subjectifs. Cependant, selon le paragraphe 261 des *Principes de la philosophie du droit*, c'est seulement dans la sphère de l'État que peut être établie « l'absolue identité de l'obligation et du droit », parce que l'appartenance à l'État implique que « mon obligation envers le substantiel est en même temps l'être-là de ma liberté particulière, c'est-à-dire qu'en lui obligation et droit sont *réunis en une seule et même relation* » (*Grundlinien*, § 261 Anm., p. 209 ; *PPD*, p. 433). Ceci n'interdit pas, d'ailleurs, que le contenu de ces droits et obligations se décline de façon différenciée ; mais l'essentiel est et reste que « le principe unique de l'obligation et du droit [est] la liberté personnelle de l'homme » (*ibid.*), ce dont il résulte qu'un être dépourvu de droits (comme un esclave) ne saurait avoir d'obligations.

La conception hégélienne du droit (au sens large, correspondant au concept technique d'esprit objectif) récuse l'alternative, souvent présentée comme incontournable, entre les points de vue *right-based* et *duty-based*. Certes, selon les secteurs concernés, l'une des deux perspectives peut occuper le devant de la scène ; mais, fondamentalement, comme cela apparaît clairement dans l'étude de la *Sittlichkeit*, ces deux perspectives sont indissociables, au point qu'elles en viennent, dans les passages qui viennent d'être cités (*PPD*, § 155 et 261), à se confondre. Il faut rappeler, à ce propos, que chez Hegel la *Sittlichkeit* n'est pas une troisième sphère qui serait juxtaposée à celles du droit et de la moralité. Il faut plutôt considérer que le droit abstrait et la moralité sont des composantes non-indépendantes, des variables liées de la totalité éthico-politique ; ils n'ont d'effectivité qu'articulés au sein de l'unité concrète de la *Sittlichkeit*, qui seule répond véritablement à la définition complète de l'esprit objectif comme « *monde* à produire et produit par [l'esprit], dans lequel la liberté est en tant que nécessité présente » (*Enzykl* 3, § 385, p. 383 ; *Encycl* 3, p. 180[1]). De ce fait, aussi bien les droits de la personne juridique que les obligations du sujet moral sont subordonnés à la perspective de la *Sittlichkeit*, qui récuse le primat de l'une ou de l'autre orientation.

Qu'est-ce qui, dans la théorie de l'esprit objectif, permet ce dépassement de « l'apparence de la différence des droits et des devoirs » (*Enzykl* 3, § 486, p. 480 ; *Encycl* 3, p. 283) ? C'est, selon moi, sa structuration institutionnelle, qui devient manifeste au cours de l'exposé de la *Sittlichkeit*. Que faut-il entendre par institution dans le contexte de la pensée de Hegel (qui utilise d'ailleurs parcimonieusement ce vocabulaire) ? Le chapitre six tentera de le préciser. Mais il convient, je le note dès à présent, de conférer au terme une acception large. En effet, c'est en tant qu'ils agissent dans le cadre d'institutions de toute sorte que les individus sont susceptibles de mettre en accord leurs aspirations, qui prennent souvent la forme de la revendication de droits subjectifs, et les conditions normatives de leur action, qui se présentent à eux sous la forme d'obligations externes, de « devoirs ». C'est le caractère institutionnel des configurations de l'éthicité (comme la famille, le mariage, le marché, la corporation, et bien entendu

1. À propos du concept de *Sittlichkeit*, voir les précisions fournies dans la Présentation de ma traduction des *Principes de la philosophie du droit* : *PPD*, p. 64 *sq.*, et ici même, *infra*, chapitre six.

les agences étatiques) qui leur permet de définir, pour les individus qui en sont les agents, un complexe de droits et d'obligations statutaires dont on ne peut rendre compte de manière satisfaisante ni dans une perspective jusnaturaliste classique, ni dans une perspective juspositiviste standard.

Je résume mon argumentation. Dans les *Principes de la philosophie du droit*, « le droit » est la désignation métonymique d'un complexe d'institutions juridiques, sociales et politiques au sein desquelles s'articulent règles objectives et dispositions subjectives, et qui définissent aussi bien des droits que des obligations. Il est donc contraire aux principes de la philosophie du droit au sens extensif donné à cette expression par Hegel de privilégier le point de vue des droits subjectifs, comme à l'inverse celui des obligations ; c'est pourquoi cette philosophie du droit ne peut pas être seulement une *philosophy of right(s)*, pas plus qu'elle n'est seulement une *philosophy of law*. C'est dit clairement au paragraphe 155 des *Principes*, déjà cité : « L'homme [...] a des droits dans la mesure où il a des obligations, et des obligations dans la mesure où il a des droits » (*Grundlinien*, § 155, p. 143 ; *PPD*, p. 324).

CHAPITRE IV

UN CONCEPT JURIDIQUE DE LA JUSTICE

JUSTICE OU DROIT ?

Dans les *Principes de la Philosophie du Droit*, le vocabulaire de la justice est utilisé de manière parcimonieuse : une quinzaine d'occurrences significatives, la plupart d'entre elles se situant dans la dernière section de la première partie, qui concerne la négation ou le déni du droit (*Unrecht*). Il y a bien quelques autres occurrences de ce vocabulaire dans la suite du texte, mais elles sont rares ; les plus remarquables concernent la question du rétablissement du droit par l'institution judiciaire au sein de la société civile et de l'État. Pour des raisons qui vont s'éclaircir par la suite, je considère qu'il faut maintenir, dans le contexte de la pensée hégélienne, la distinction des deux champs conceptuels du droit (*Recht*) et de la justice (*Gerechtigkeit*), en dépit de leur parenté lexicale dans la langue allemande[1]. La question de la justice (et de l'injustice) surgit lors de l'examen des formes de violation du droit, plus particulièrement à

1. De surcroît, le motif de la justice, comme valeur ou méta-norme, est distinct de celui de l'administration du droit (*Rechtspflege*) par « la justice » au sens populaire du terme, à savoir les institutions judiciaires.

propos du crime (*Verbrechen*), défini par Hegel comme une violence affectant non pas simplement une personne particulière (ce qui est le cas des délits), mais « le droit en tant que droit » (*Grundlinien*, § 95, p. 89 ; *PPD*, p. 245). L'argumentation est principalement dirigée contre la philosophie pénale alors devenue dominante, fondée sur des idéaux éthiques et des catégories juridiques provenant de la philosophie des Lumières. C'est donc le problème de la justification théorique du châtiment (*Strafe*) et des pratiques punitives qui fait ressurgir la vieille question de la nature et des formes de la *justitia*. Ainsi, le problème du juste est abordé par Hegel à partir de celui de la réparation de l'injustice ; de ce fait, le recours au vocabulaire de la justice présente un caractère emphatique, presque solennel.

La rareté du vocabulaire de la justice dans cette « philosophie du droit » (une expression qui est encore loin d'être répandue en 1820 : on parle encore surtout, y compris Hegel lui-même dans ses intitulés de cours et sa correspondance, de « droit naturel ») peut s'expliquer par le contexte historique de la constitutionnalisation progressive des principes de l'ordre juridique : le recours parcimonieux au langage de la justice peut être une conséquence indirecte du mouvement de positivation du droit naturel provoqué par l'incorporation de la Déclaration des droits de l'homme et du citoyen à la Constitution française de 1791, qui a fait des droits « naturels, inaliénables et sacrés » de l'homme, en les transformants en « droits naturels *et civils* »[1], les fondements d'un ordre constitutionnel *positif* qui, en quelque sorte, n'a plus besoin de s'appuyer sur une norme transcendante.

1. Constitution de 1791, titre premier (souligné par moi).

La discrétion du registre lexical de la justice va également de pair, chez Hegel, avec un refus de la subordination du droit à la morale et à l'idéal abstrait de justice que professaient généralement les théories du droit naturel, avant que Kant et ses successeurs, tirant la leçon des conséquences tragiques de la moralisation « robespierriste » de la politique, proclament la nécessité de les distinguer strictement. Dans ses écrits tardifs, Kant insiste sur la distinction de « la morale comme éthique » et de « la morale comme doctrine du droit »[1] ; et, comme le dit lapidairement Fichte, « la doctrine philosophique du droit », jusqu'alors traitée comme « un chapitre de la morale », doit devenir « une science existant pour elle-même »[2]. Quant à Hegel, il affirme dans ses cours berlinois sur la philosophie de l'histoire : « Le principe de la vertu fut érigé par Robespierre comme principe suprême : cet homme a pris la vertu au sérieux. [...] Ce qui règne maintenant, c'est la *vertu* et la *terreur* » (Hegel, *Vorlesungen über die Philosophie der Geschichte*, *Werke*, Band 12, p. 533 ; *Intr. PhiHist*, p. 167). Cette dissociation du droit et des idéaux éthiques a été finement analysée par Max Weber : le « droit de création révolutionnaire », explique-t-il, parachève la formalisation du droit naturel, mais finit par rendre celui-ci obsolète, ce qui se traduit par « le dépérissement des implications métajuridiques du droit »[3]. Cette tendance à la « déséthicisation »,

1. Kant, *Zum ewigen Frieden*, *AA* VIII, p. 386 ; trad. fr. J. Darbellay, *Vers la paix perpétuelle*, Paris, Puf, 1974, p. 167.

2. J. G. Fichte, *Grundlage des Naturrechts*, in *Fichtes Werke* III, De Gruyter, 1971, p. 10 ; *Fondement du droit naturel*, *op. cit.*, p. 26 (trad. modifiée).

3. M. Weber, *Wirtschaft und Gesellschaft*, *op. cit.*, p. 496-503 ; *Sociologie du droit*, *op. cit.*, p. 206-218, en particulier p. 217.

qui imprègne la science juridique postrévolutionnaire, a donné naissance à un droit sans autre fondement de validité que sa propre complétude formelle et sans autre principe de légitimité que son efficacité au sein d'une communauté où règne l'égalité des conditions au sens de Tocqueville. D'où un recours circonspect au vocabulaire de la justice, soupçonné par certains d'être porteur d'une lourde hérédité métaphysique et de connotations anti-égalitaires.

Mais, en ce qui concerne Hegel, les choses s'avèrent plus complexes, pour deux raisons.

1) Tout d'abord, le rapport de Hegel avec les conceptions du droit et de la justice développées par les théories modernes du droit naturel est plus compliqué que ce qui vient d'être dit. Il a d'ailleurs été l'objet d'interprétations diamétralement opposées. Certaines soulignent le rejet par Hegel des présuppositions individualistes du jusnaturalisme moderne et voient dans la doctrine de la *Sittlichkeit* une réhabilitation du concept aristotélicien de nature, qui implique certaines représentations de la justice et en exclut d'autres[1]; inversement, d'autres commentateurs considèrent que la critique hégélienne du droit naturel doit se comprendre comme un prolongement de la distinction kantienne entre lois de la nature et lois de la liberté[2]. Pour surmonter ce dilemme, il convient selon moi de distinguer plusieurs niveaux dans la critique hégélienne du droit naturel moderne et des conceptions

1. J. Ritter, « Moralität und Sittlichkeit », in *Metaphysik und Politik. Studien zu Aristoteles und Hegel*, Francfort/Main, Suhrkamp, 2003, p. 281-309.

2. M. Riedel, « Freiheitsgesetz und Herrschaft der Natur », in *Zwischen Tradition und Revolution*, Stuttgart, Klett-Cotta, 1982, p. 65-84.

afférentes de la justice, critique qui se maintient pour ainsi dire à l'identique de l'article sur le droit naturel de 1802 (*Naturrecht*, p. 424 *sq.* ; *DN*, p. 21 *sq.*) aux écrits et cours de la période berlinoise. Hegel souligne d'abord l'impropriété du *vocabulaire* jusnaturaliste, qui fait improprement référence à la nature – une nature qui « n'est pas libre, et n'est pour cette raison ni juste, ni injuste » (*Grundlinien*, § 49 Anm., p. 60 ; *PPD*, p. 198) – là où il s'agit en réalité de la rationalité du droit :

> Le terme de « droit naturel » mérite d'être abandonné et remplacé par l'appellation « doctrine philosophique du droit » ou [...] doctrine de l'esprit objectif. (Wannenmann, § 2 Anm., *GW* 26-1, p. 8 ; *LDN*, p. 48)

Cependant, la question n'est pas seulement celle du vocabulaire : c'est pourquoi la critique lexicale est combinée avec une critique méthodologique et spéculative des instruments principaux de la théorie jusnaturaliste, les concepts d'état de nature et de pacte social. On la trouve par exemple dans les cours de Nuremberg (*Propédeutique*, p. 55 et 216) et, de façon plus détaillée, dans les textes berlinois :

> La nature de l'*État* réside tout aussi peu [que celle du mariage] dans le rapport contractuel, que l'État soit pris comme un contrat de tous avec tous ou comme un contrat de tous avec le prince et le gouvernement. – L'immixtion de ce rapport, ainsi que celle des rapports de propriété privée en général, dans le contexte de l'État a produit les plus grandes confusions dans le droit étatique et dans l'effectivité. (*Grundlinien*, § 75 Anm., p. 78 ; *PPD*, p. 226)

> L'expression de droit naturel, qui a été courante pour la doctrine philosophique du droit, renferme l'ambiguïté suivante, [à savoir] si c'est le droit en tant qu'il est présent sur un *mode naturel immédiat* qui est visé, ou si c'est le droit tel qu'il se détermine par la nature de la Chose, c'est-à-dire par le *concept*. Le premier sens est celui qui était autrefois ordinairement visé ; de telle sorte qu'on élabora en même temps la fiction d'un *état de nature*, dans lequel le droit naturel devrait valoir, alors que, au contraire, l'état constitué par la société et l'État exigerait et entraînerait bien plutôt une limitation de la liberté et un sacrifice des droits naturels. Mais, en réalité, le droit et toutes ses déterminations se fondent uniquement sur la *libre personnalité*, – une *détermination par soi* qui est, bien plutôt, le contraire de la *détermination par la nature*. C'est pourquoi le droit de la nature est l'être-là de la force et le se-faire-valoir de la violence, et un état de nature est un état de violence et de non-droit dont on ne peut rien dire de plus vrai si ce n'est qu'*il faut en sortir*. (*Enzykl* 1, § 415, p. 228 et *Enzykl* 3, § 502 Anm., p. 488 ; *Encycl* 3, p. 151-152 et 292)

En revanche, Hegel valide, sinon ses instruments et sa méthode, du moins le projet théorique de la théorie jusnaturaliste : déterminer le fondement normatif de tout ordre juridique et politique rationnel, c'est-à-dire ce qui en fait un ordre *juste*. La critique virulente de l'historicisme de Hugo au paragraphe 3 des *Principes de la philosophie du droit* montre que Hegel demeure fidèle à cette ambition normative du jusnaturalisme. En revanche, il critique la version que ses prédécesseurs en ont donné, principalement en raison de l'insuffisance du concept de rationalité qu'ils mobilisent pour mener à bien le programme en question. Ni la rationalité calculatoire de Hobbes, ni la raison pratique abstraitement normative de Kant et de Fichte ne sont en mesure de fournir la fondation rationnelle du droit à laquelle aspire la théorie du droit naturel. Il convient donc de mettre en œuvre une autre conception, logico-spéculative, du droit. Or celle-ci engage une conception de la justice différente de celles qui avaient cours jusqu'alors.

2) En effet, Hegel ne s'interdit pas de recourir à l'idée de justice pour souligner la déficience de certaines conceptions juridiques. Par exemple, aux paragraphes 99 et suivants des *Principes de la philosophie du droit*, il critique durement la philosophie pénale alors dominante, fondée sur les idéaux éthiques et les catégories juridiques de l'*Aufklärung*, et lui oppose « l'examen objectif de la *justice* qui est, dans le cas du crime, le point de vue premier et substantiel » (*Grundlinien*, § 99 Anm., p. 91 ; *PPD*, p. 249). Ainsi, le problème du châtiment (*Strafe*) et des fondements théoriques du droit pénal fait ressurgir la vieille question de la *justitia*. De même, au paragraphe 215 des *Principes*, Hegel soutient, contre les adversaires de la codification du droit civil, au premier rang desquels se situe son collègue Savigny, que les monarques qui ont fait rédiger un « code ordonné et déterminé » (il pense bien entendu aux codes napoléoniens et à l'*Allgemeines Landrecht* prussien édicté par Frédéric Guillaume II en 1794) ont accompli « un grand *acte de justice* » (*Grundlinien*, § 215 Anm., p. 180 ; *PPD*, p. 382). Enfin, l'*Encyclopédie* identifie la constitution, en tant qu'elle garantit « l'effectivité de la *liberté* dans le développement de toutes ses déterminations rationnelles », à la « *justice* existante » (*Enzykl* 3, § 539, p. 509 ; *Encycl* 3, p. 313). Mais en quoi peuvent consister les « principes substantiels éternels de la justice »

(*Grundlinien*, § 317, p. 259 ; *PPD*, p. 520), dès lors que l'on renonce à une vision substantialiste et anhistorique du droit sans pour autant s'abandonner au relativisme historiciste ?

LA VIOLATION DU DROIT COMME INJUSTICE DANS LES *PRINCIPES DE LA PHILOSOPHIE DU DROIT*

L'architecture définitive de la théorie hégélienne de l'esprit objectif est mise en place en 1817 dans le cours de Heidelberg sur « Droit naturel et science de l'État » et la première édition de l'*Encyclopédie*. À cette occasion, le concept de *Sittlichkeit* est remanié en profondeur ; il cesse d'être identifié à la « belle et heureuse liberté des Grecs » évoquée dans les écrits d'Iéna (*PhiGeist* 2, p. 262 ; *Esprit*, p. 93) pour désigner désormais la liberté institutionnalisée dans le cadre de l'État et de la société modernes. Quels sont dans ce nouveau contexte les rapports entre droit et justice ? Pour l'établir, il convient de partir du passage des *Principes de la philosophie du droit* qui traite de la violation du droit et de son rétablissement ; en effet, comme je l'ai dit, c'est surtout dans le contexte de la philosophie pénale qu'il est question de la justice dans les *Principes*. Dans la théorie du droit abstrait – qui expose les fondements du droit privé rationnel comme « *être-là* de la liberté dans l'*extérieur* » (*Enzykl* 3, § 496, p. 485 ; *Encycl* 3, p. 289) – l'analyse du déni du droit (*das Unrecht*[1]) fait suite à celle de la propriété, puis du contrat.

1. Il me paraît important de ne pas traduire *Unrecht* par « injustice », comme c'est parfois le cas, car tout ce qui est contraire au droit n'est pas qualifié par Hegel d'injuste. Seul le crime, en tant qu'il est une atteinte à la personnalité comme telle, doit être considéré comme intrinsèquement injuste.

Examinée dans la première section de la première partie des *Principes* (§ 41 *sq.*), la propriété, en tant qu'ensemble des formes complexes de l'appropriation et de la désappropriation juridiquement entendues, est la matrice de tout le droit abstrait, dont le principe de base est que « la personne a le droit de déposer sa volonté en toute Chose (*Sache*), laquelle devient par là *mienne* et reçoit ma volonté pour fin substantielle » (*Grundlinien*, § 44, p. 57 ; *PPD*, p. 191). Toutefois, la notion de propriété a une extension plus large que dans l'usage courant : comme chez Locke, elle désigne « la vie, la liberté et les biens »[1], bref : tout ce qui peut être dit mien. Autrement dit, la propriété ne comporte pas seulement des biens matériels, des « choses », mais aussi tout ce à l'aide de quoi l'homme « prend possession de soi et devient la propriété de lui-même » (*Grundlinien*, § 57, p. 64 ; *PPD*, p. 204). Mes capacités physiques et mentales ne m'appartiennent pas « naturellement » : je dois me les approprier, en « prendre possession » grâce, notamment, au « *dur travail* » d'acculturation de mon corps et de mon esprit (*Grundlinien*, § 187 Anm., p. 163 ; *PPD*, p. 356). L'appropriation, qu'il ne faut pas confondre avec la prédation, est ainsi l'opération fondamentale du droit. Aussi, lorsqu'il est question de réparer une infraction, bénigne ou gravissime, au droit et aux droits, il s'agit toujours de *réappropriation* (d'un bien, d'une qualité morale, et finalement, dans le cas le plus grave, d'une dignité personnelle : celle de la victime comme celle du coupable). En ce sens, la justice est toujours corrective.

1. J. Locke, *Le second traité du gouvernement*, trad. fr. J.-F. Spitz, Paris, Puf, 1994, chap. 7, § 87, p. 62 ; voir également chap. 5, § 27, p. 22 et chap. 9, § 123, p. 90.

Les atteintes au droit (et aux droits) réduisent celui-ci à une « *apparence* » (*Grundlinien*, § 82, p. 85 ; *PPD*, p. 238 ; *Enzykl* 3, § 496, p. 485 ; *Encycl* 3, p. 289). Mais « la vérité de cette apparence est d'être vaine, et le droit se rétablit par l'acte de nier cette négation sienne » (*Grundlinien*, § 82, p. 85 ; *PPD*, p. 238). Les trois formes successives de la négation du droit sont : le déni du droit sans parti pris (*das unbefangene Unrecht*), qui correspond aux différents types de litiges civils ; la fraude (*der Betrug*), où la violation du droit est cette fois intentionnelle, et qui couvre l'ensemble des délits ; enfin, les diverses sortes de violence que peut subir la personnalité elle-même, la plus grave d'entre elles étant le crime (*das Verbrechen*). Au-delà de la réparation du dommage subi par une personne particulière (si toutefois elle est possible), restaurer le droit, c'est restituer ses droits à la volonté libre, unique fondement du droit abstrait, ce qui veut dire : restituer à la *personnalité* non seulement sa dignité, mais aussi son effectivité, qui consiste à conjoindre l'universel (le droit) et le particulier (mon droit) dans la position singulière d'une subjectivité qui a « savoir de [soi] comme de l'*infini*, de l'*universel* et du *libre* » (*Grundlinien*, § 35, p. 51 ; *PPD*, p. 182).

La référence à la *justice* apparaît de façon insistante dans la section du « Droit abstrait » consacrée au crime (§ 90-103). Le crime est une violence (*Gewalt*) faite non pas simplement à une personne particulière, mais au « droit en tant que droit » (*Grundlinien*, § 95, p. 89 ; *PPD*, p. 245 ; § 99 Anm., p. 92 ; *PPD*, p. 249) ; cette violence ne peut être abolie que par une contre-violence prenant la forme juridique d'un droit coercitif (*Zwangsrecht*). La justice est la figure symbolique de cette violence seconde ou rétroactive grâce à laquelle le droit, c'est-à-dire la liberté objectivée, est rétabli dans son *universalité* :

> Le droit abstrait est un *droit de coercition*, parce que le déni du droit perpétré à son encontre est une violence contre l'*être-là* de ma liberté dans une Chose *extérieure*; la préservation de cet être-là contre la violence est ainsi elle-même une action extérieure et une violence qui abolit l'autre, la première. (*Grundlinien*, § 94, p. 89; *PPD*, p. 244)

Ce qui rend nécessaire une réflexion sur la justice, c'est donc d'abord l'expérience de l'injustice entendue comme violence faite au droit à travers une de ses expressions particulières. D'où la nécessité d'une théorie philosophique de la peine (*Strafe*) comme contrainte (*Zwang*) ou violence *normée* rétablissant le droit au moyen de ce qui apparaît comme sa négation : un acte coercitif (comme par exemple l'emprisonnement). Mais cette réflexion sur la justice conduit à déborder son cadre initial, purement juridique.

Le fait que la justice se définisse négativement, à partir de l'injustice, s'explique par le choix que fait Hegel d'une approche procédurale, au détriment de toute définition essentialiste ou ontologique de celle-ci. Il n'y a pas d'essence de la justice à laquelle il faudrait mesurer les revendications juridiques des uns et des autres, voire la norme juridique elle-même qui doit permettre d'arbitrer entre elles. Il n'existe que des procédures, en partie contingentes, de correction de l'injustice, c'est-à-dire de la violence faite au droit. En quelque sorte, l'existence de l'acte injuste précède l'essence de la justice. Certes, on ne peut pas réduire la justice à la factualité du châtiment. Néanmoins, la justice « en et pour soi » est tout entière investie dans les pratiques de réparation de l'injustice existante, entendue comme « apparence » qu'il faut abolir. Le propos est rigoureusement conforme à ce que montre, sur le plan ontologique, la *Science de la Logique* : l'essence n'est pas autre chose que le processus de dissolution de l'apparence, elle est « l'*apparence, posée comme apparence* » (*WdL* 2, p. 393 ; *SL* 2, p. 205). Traduction dans le contexte présent : la justice n'est rien d'autre que l'abolition de la violation injuste du droit.

UNE THÉORIE RÉTRIBUTIVISTE DU CHÂTIMENT

Sur la base philosophique de cette conception corrective de la justice, Hegel construit une théorie de la peine qui se veut exempte de toute considération morale. Dans ce but, il commence au paragraphe 99 des *Principes de la philosophie du droit* par critiquer la définition de la peine proposée par le magistrat et pénaliste Ernst Ferdinand Klein, un *Aufklärer* modéré :

> On entend par peine, au sens le plus général, le mal (*das Übel*) qui fait suite à l'action contraire aux lois, en tant que telle. [...] La peine, au sens usuel, est l'utilisation d'un tel mal pour provoquer de futures actions ou entreprises conformes aux lois[1].

Pourquoi Hegel rejette-t-il cette définition de la peine, alors qu'elle semble assez proche de celle que lui-même en donne ? Quelle différence y a-t-il entre le mal qui fait suite à un mal (Klein) et la violence qui répond à la violence (Hegel) ? Elle tient avant tout à l'utilisation que

1. E. F. Klein, *Grundsätze des gemeinen deutschen peinlichen Rechts, nebst Bemerkung der Preußischen Gesetze*, 2e éd., Halle, 1799, § 9, p. 6.

fait Klein d'un vocabulaire et d'une argumentation qui sont empruntés à la morale (même s'il est vrai que le mot *das Übel*, qui désigne toutes sortes de maux que je puis subir ou infliger, n'appartient pas au lexique de la morale aussi exclusivement que *das Böse*, le Mal). La suite de la remarque et les observations faites en chaire par Hegel, dirigées contre la thèse de la fonction préventive de la peine (développée par exemple par les « vaines ratiocinations » d'Anselm Feuerbach : Wannenmann, § 46, *GW* 26-1, p. 49 ; *LDN*, p. 96[1]), montrent clairement que selon Hegel la conception de la peine comme mal venant réparer un mal est au principe des erreurs de l'*Aufklärung* en matière de théorie pénale. La théorie de Feuerbach, indique-t-il dans son cours de 1822-1823, proclame le caractère dissuasif de la menace. Or

> [la menace] présuppose que l'homme n'est pas un être libre et veut [le] contraindre par la représentation d'un mal. Or il faut que le droit et la justice aient leur siège dans la liberté et la volonté, et non pas dans cette absence de liberté à laquelle s'adresse la menace. Avec cette justification du châtiment, c'est comme quand on brandit un gourdin en face d'un chien, et l'être humain n'est pas traité selon son honneur et sa liberté, mais comme un chien. Or la menace, qui peut révolter l'homme au point qu'il démontre sa liberté en la bravant, met totalement de côté la justice. (Hotho, *GW* 26-2, p. 855-856 ; *PPD*, § 99 Addition, p. 637)

L'enjeu de cette controverse est donc le rapport entre droit et morale que Hegel, considérant à la suite de Kant et de

1. Hegel fait référence à A. Feuerbach, *Revision der Grundsätze und Grundbegriffe des positiven peinlichen Rechts*, Erster Teil, Erfurt, 1800 : voir notamment p. 49-108.

Fichte qu'il faut « prendre en considération la différence entre le moral et le juridique » (Hotho, *GW* 26-2, p. 850; *PPD*, § 94 Addition, p. 635), entend séparer au profit d'une conception strictement juridique de la justice :

> Lorsque le crime et son abolition, qui se détermine ultérieurement comme peine, sont seulement considérés comme un *mal* en général, on peut certes regarder comme irrationnel de vouloir un mal pour la simple raison qu'un *autre mal est déjà présent*. [...] Le caractère superficiel de ce *mal* est présupposé comme ce qui est premier dans les différentes théories de la peine (théorie de la prévention, de l'intimidation, de la menace, de l'amendement, etc.), et la réaction qui doit en résulter est déterminée tout aussi superficiellement comme un *Bien*. Mais on n'a pas simplement affaire à un *mal* ni à tel ou tel *Bien* : il s'agit au contraire précisément de *déni du droit* et de *justice*. Ces points de vue superficiels laissent de côté l'examen objectif de la *justice* qui est, dans le cas du crime, le point de vue premier et substantiel, et il en résulte, cela va de soi, que le point de vue moral, l'aspect subjectif du crime devient l'essentiel, mélangé à de triviales représentations psychologiques [...]. Les différents points de vue qui ont trait à la peine [...] présupposent la justification de ce que l'acte de punir est en et pour soi *juste*. (*Grundlinien*, § 99 Anm., p. 91-92; *PPD*, p. 248-249).

Au « point de vue superficiel » de Klein, Feuerbach et consorts – comprenons : à la représentation de la peine et de ses effets en termes moraux plutôt que juridiques – Hegel oppose « l'examen objectif de la *justice* », en précisant que c'est là le « point de vue premier et substantiel ». En quoi consiste cet examen, et quelle est sa fonction dans la théorie de la peine? La critique du discours réformateur des juristes éclairés (Klein au paragraphe 99 des *Grundlinien*; Beccaria au paragraphe 100; Anselm Feuerbach dans les cours de 1817-1818 et 1822-1823) y offre un bon accès. À l'encontre de la représentation *psychologique* de la fonction dissuasive de la peine (Feuerbach, Klein), de l'expectative *morale* d'un amendement de l'âme du criminel par le châtiment ou de la perspective *sociale* de protection de la société (Beccaria), Hegel s'en tient à une règle formelle de justice, immanente à la sphère du droit : « l'acte de punir est en soi et pour soi *juste* ». Autrement dit, il faut que le droit, lésé dans son idée même par chaque violation particulière de l'intégrité physique ou spirituelle de telle ou telle personne, soit restauré dans sa plénitude et, si j'ose dire, dans sa majesté : en cela consiste la justice.

Pour un lecteur de *Surveiller et punir*, il semble clair que Hegel, au moment même où s'opère la transition des grands châtiments aux petites disciplines, est à contre-courant de l'histoire; sa théorie de la peine s'inscrit dans une logique du châtiment, voire de la vengeance, et non dans celle du redressement moral du coupable. Cependant, la critique hégélienne de la conception morale de la peine chez les juristes éclairés n'est pas sans points communs avec l'analyse que Foucault développe de la transformation du châtiment du criminel en rééducation morale et psychologique d'un délinquant perçu comme souffrant d'une affection plus ou moins curable[1]. En définissant le châtiment comme *Aufhebung* du crime

1. Voir M. Foucault, *Surveiller et punir*, Paris, Gallimard, 1975 : la transition progressive du châtiment violent à une pénalité « éducative » et aux pratiques disciplinaires correspond à « la grande montée des dispositifs de normalisation » (p. 313).

et la justice en acte comme une rétribution (*Wieder-vergeltung : Grundlinien*, § 101, p. 93 ; *PPD*, p. 251), Hegel se range clairement dans le camp du rétributivisme. La peine ne vise pas à réparer ce qui ne saurait l'être (un œil ne remplace pas un œil), encore moins à amender une âme engagée dans une mauvaise voie (ce n'est pas l'affaire du juge, mais celle d'un directeur de conscience) ; elle vise à annuler une « lésion qui est survenue à la volonté qui est *en soi* (en l'occurrence, aussi bien à la volonté de l'auteur de l'infraction qu'à celle de sa victime et à celle de tous) » (*Grundlinien*, § 99, p. 91 ; *PPD*, p. 248) : une violence faite au droit.

À première vue, la punition du crime ainsi conçue a quelque chose à voir avec la vengeance (*Rache*) :

> Dans cette sphère de l'immédiateté du droit, l'*abolition* du crime est tout d'abord une *vengeance*, vengeance juste quant à son *contenu*, dans la mesure où elle est une rétribution. (*Grundlinien*, § 102, p. 95 ; *PPD*, p. 254)

C'est ce que paraît confirmer l'évocation des divinités vengeresses dans le cours de 1822 : « les Euménides dorment, mais le crime les réveille » (Hotho, *GW* 26-2, p. 859 ; *PPD*, § 101 Addition, p. 639).

Toutefois, les limites de ce rapprochement sont aussitôt marquées. Certes, la vengeance, sous sa forme brute (pré-juridique) est juste « quant à son *contenu* », puisqu'elle se conforme à une règle d'égalité ; si l'acte de restaurer le droit repose sur le principe de l'identité matérielle du châtiment et du crime (Hegel parle d'« *égalité spécifique* », tout en la qualifiant d'« abstraite » : *Grundlinien*, § 101 Anm, p. 94 ; *PPD*, p. 253), la *vendetta* (tu as tué mon frère, alors je tue le tien, ou à défaut un de ses collatéraux) peut apparaître comme la figure originaire de la justice. Mais la vengeance n'est pas juste quant à sa *forme*, et c'est ce qui est décisif : faire d'une « volonté *particulière* » l'agent de la justice, c'est affecter celle-ci d'une contingence qui la voue, comme la vendetta, au « progrès à l'infini » (*Grundlinien*, § 102, p. 95 ; *PPD*, p. 255). Le rapprochement entre justice et vengeance est donc trompeur. Une volonté *particulière* (celle de la victime ou de ses proches) ne peut être en mesure de rétablir le droit dans son *universalité* : en ce cas, l'acte de faire justice devient « *une nouvelle infraction* [au droit] » (*ibid.*) et sombre dans la mauvaise infinité. Sous la forme de la vengeance, la justice souffre d'une contradiction ; il faut donc la libérer de sa « figure subjective » (*Grundlinien*, § 103, p. 95 ; *PPD*, p. 255).

Même si sa portée est limitée, le parallèle entre justice et vengeance, qui heurte délibérément la conscience moralo-juridique moderne, n'est pas seulement une réponse provocatrice aux errements théoriques des juristes « éclairés » qui souhaitent, sous une forme ou une autre, moraliser le châtiment. Il vise aussi à rappeler une propriété fondamentale du droit *abstrait* tel que le conçoit Hegel : son indépendance de principe à l'égard des formes d'institutionnalisation sociale et politique qu'il revêt *hic et nunc*. Le droit lui-même, en son abstraction, est conceptuellement distinct des figures historiques de sa réalisation. Il n'y a qu'un droit et qu'une justice, si diverses que soient les traductions que les peuples leur ont données. C'est du moins ainsi que je comprends ce jugement elliptique :

> Eu égard au mode d'existence de la justice, la forme qu'elle a dans l'État, à savoir celle de la *peine*, n'est

> de toute façon pas la seule forme, et l'État n'est pas la présupposition qui conditionne la justice en soi. (*Grundlinien*, § 100 Anm., p. 93 ; *PPD*, p. 251)

Pour interpréter cette observation, il faut se souvenir que Hegel– c'est sa manière de rester jusnaturaliste, soulignée à l'occasion de sa polémique avec Gustav Hugo, précurseur de l'École historique du droit (*Grundlinien*, § 3 Anm., p. 26-31 ; *PPD*, p. 142-151) – distingue le droit abstrait ou en soi (dont les normes ont une validité indépendante de tout contexte politique et social) et l'administration concrète du droit (*Rechtspflege*), la gestion des affaires juridiques dans une société donnée. Dire que l'État n'est pas la condition de la justice *en soi*, c'est rappeler que l'on doit penser la violation du droit et sa restauration sans rien présupposer des formes historiques d'organisation sociale des pratiques juridiques, en particulier des techniques punitives. *En soi*, toute « rétribution » est juste, quelles que soient les représentations et les motivations de ses acteurs, si elle vise objectivement à restaurer le droit. Et tant pis pour la conscience éclairée qui condamne les formes barbares et primitives de réparation, comme le talion biblique. À bon droit, sans doute, si on se place au point de vue de la signification sociale de ces actes : Hegel adopte lui-même ce point de vue lorsqu'il dénonce, en la rapprochant du *Marchand de Venise* de Shakespeare, la barbarie de la loi *partes secanto* dans le droit romain ancien, dont pourrait se réclamer Shylock (*Grundlinien*, § 3 Anm., p. 26-27 ; *PPD*, p. 146-147). Mais la rétribution pure, si on peut s'exprimer ainsi, n'est juste qu'*en soi*, et c'est pourquoi il faut renoncer à en faire l'archétype de la justice.

La comparaison de la justice et de la vengeance met en lumière la nécessité d'une dépersonnalisation, d'une institutionnalisation des actes de restauration du droit, et cela indépendamment de la considération de leur contexte (historique, social, politique). Dans le cas du crime, le châtiment a pu adopter la figure brutale de la *vendetta*, et il en conservera toujours certains traits. Mais il *doit* aussi la surmonter, non pour des raisons morales ou religieuses, ni même pour des raisons sociales (le coût de la *vendetta* est trop élevé) ou politiques (l'État dispose désormais du monopole de la violence légitime), mais pour une raison *juridique* : du point de vue même d'une conception *juste* du droit, de sa violation et de son rétablissement, il faut pratiquer « une *justice* qui ne soit pas *vengeresse*, mais *punitive* » (*Grundlinien*, § 103, p. 95 ; *PPD*, p. 255). Quelle différence y a-t-il entre l'une et l'autre ? Elle ne tient pas au contenu, car la justice pénale n'est pas forcément plus clémente que la vengeance sommaire ; elle tient à cette circonstance formelle décisive qu'est l'intervention d'un tiers impartial, le juge[1]. Punir, au sens exact du terme, ne peut être le fait que d'une institution agissant non pas seulement au nom de la société ou du peuple, mais au nom du droit en sa majesté.

Cette justice pénale exercée par une institution, le tribunal, il n'en est question que de façon allusive dans la théorie du droit abstrait, où il suffit qu'en soit défini le principe. C'est dans le cadre de l'analyse de la *Sittlichkeit*, plus précisément de la société civile, que Hegel examine les formes institutionnelles de l'administration du droit

1. Ce sera l'idée directrice de la « phénoménologie du droit » du post-hégélien Alexandre Kojève (*Esquisse d'une phénoménologie du droit*, Paris, Gallimard, 1981).

(*Rechtspflege*) et les formes modernes de sanction pénale du crime. Il faut dire un mot de la localisation du propos. L'administration du droit dans les conditions de la modernité – celle-ci étant principalement caractérisée par la différenciation de l'espace économico-social et de l'espace politique – est selon Hegel l'affaire de la société civile elle-même et non celle de l'État. En effet, ce dernier, même s'il est une institution juridique au sens extensif du terme (*Grundlinien*, § 30 Anm., p. 46; *PPD*, p. 176), excède les limites du droit abstrait (privé), comme le révèle *a contrario* la faiblesse théorique des explications contractualistes qui en ont été données (*Grundlinien*, § 75 Anm. et § 258 Anm., p. 78 et 202; *PPD*, p. 226 et 418-419). Certes, dans le cadre de l'État postrévolutionnaire, dire le droit est « une obligation » et « un droit » de la « puissance publique » (*Grundlinien*, § 219 Anm., p. 183; *PPD*, p. 386-387); c'est pourquoi cette tâche incombe désormais à des juges professionnels, qui sont des fonctionnaires d'État, et non à des héros ou à des chevaliers errants (*Grundlinien*, § 102 Anm., p. 95; *PPD*, p. 255). Mais la *jurisdictio* est une *fonction sociale*, s'il est vrai que le droit abstrait, bien qu'en lui-même anhistorique, est une des conditions, pour ne pas dire la condition du bon fonctionnement et de la régulation juridique de la société civile dans son autonomie relative à l'égard de l'État. L'administration du droit abstrait (concrétisé dans la *loi* positive) par une institution judiciaire indépendante est donc, en dépit de sa possible dérive corporatiste, que Hegel craint manifestement[1], une des clefs de la dépolitisation, ou

1. Il y revient à plusieurs reprises : *Grundlinien*, § 211 Anm., p. 177; *PPD*, p. 377; § 228 Anm., p. 187-188; *PPD*, p. 394-395. – Cette crainte d'un « gouvernement des juges » (et des fonctionnaires

plus exactement de la désétatisation du lien social qui est le propre des sociétés postrévolutionnaires. Quelles conséquences cela a-t-il pour la juste diction du droit ?

La *jurisdictio* vise à la restauration du droit en son universalité abstraite dans un cadre historique et social qui en détermine les modalités : dans ces conditions, elle devient, contrairement à la vengeance, « un droit dans la forme de ce qui est de droit », un droit « juste dans son existence » et non pas simplement selon son concept abstrait (*Grundlinien*, § 220, p. 183 ; *PPD*, p. 387). À quoi peut correspondre un tel droit juste ? Le paragraphe 214 des *Grundlinien* traite ce sujet de manière délibérément aporétique. Dans des conditions historiques spécifiques, « le concept » (le droit en soi) n'offre qu'une « limite universelle à l'intérieur de laquelle a lieu encore un va-et-vient » (*Grundlinien*, § 214, p. 178 ; *PPD*, p. 380). Cependant, ce tâtonnement empirique dont tout juge fait l'expérience doit déboucher sur une décision incontestablement juste et conforme au droit :

> On ne peut déterminer *rationnellement*, ni décider par l'application d'une déterminité provenant du concept si, pour un certain délit, ce qui est juste est une peine afflictive de quarante coups ou de trente-neuf, ou une amende de cinq thalers ou de quatre thalers vingt-trois groschen, ou une peine de prison d'un an ou de trois cent soixante-quatre jours, etc. Et cependant, un coup de trop, un thaler ou un groschen, une semaine,

en général) peut expliquer que Hegel, en dépit de sa conception novatrice d'une société civile s'émancipant (relativement, certes) de la tutelle étatique, justifie le principe d'une « intervention supérieure de la souveraineté », en l'occurrence du chef de l'État, dans le cours d'une affaire judiciaire complexe comme celle du meunier Arnold (*Grundlinien*, § 295 Anm., p. 245 ; *PPD*, p. 495 ; voir la note 1 du traducteur).

> un jour de prison de plus ou de moins sont déjà une injustice. (*Grundlinien*, § 214 Anm., p. 178-179; *PPD*, p. 380-381)

La peine, inévitablement, est en partie contingente, mais elle doit pourtant être juste : tel est le dilemme auquel est confronté celui qui juge. Qu'est-ce qui peut donc éviter que l'idée de justice ne devienne une billevesée ou un instrument au service de politiques sociales *goal-based* plus ou moins avouées ? C'est, dit Hegel, « l'intérêt de l'*effectuation* » (*Grundlinien*, § 214 Anm., p. 179; *PPD*, p. 381); car, même si le montant de la peine ne peut être défini « par le moyen du concept », « ce qui est plus important, c'est qu'une décision soit prise » (*Enzykl* 3, § 529 Anm., p. 501; *Encycl* 3, p. 306). L'aporie de la réparation de l'irréparable, illusoirement tranchée par la logique de la vengeance, n'a d'issue pratique que grâce à l'adoption d'un postulat décisionniste modéré : dans une société civile policée, dans un État organisé, il s'agit de dire le droit de manière *juste* et non pas simplement *exacte*; or il faut pour cela qu'une décision intervienne, et cette exigence l'emporte sur toute autre considération. Ceci ne veut pas dire que *n'importe quelle* décision doit être prise, ainsi que le voudrait un décisionnisme radical, car la justice n'est jamais que l'actualisation du droit *en soi*. Dès lors, la justice, dont la « *saine raison humaine* », incarnée dans le monde postrévolutionnaire par l'opinion publique, contient « les principes substantiels éternels » (*Grundlinien*, § 317, p. 259; *PPD*, p. 519-520), doit être conçue comme une sorte de boussole normative rappelant l'exigence, pour l'ordre juridique positif, d'être consistant, efficace et, autant que faire se peut, juste – ou, du moins, non-injuste.

CHAPITRE V

LA CONSTITUTION COMME FORME DE VIE

Le donné, pourrait-on dire, ce sont des formes de vie [1].

Qu'est-ce qu'une constitution ? Bien que la signification du concept dans la langue juridique soit assez variée, celle qui est aujourd'hui prédominante correspond à ce qu'on nomme la ou les loi(s) constitutionnelle(s). Dans cette perspective, la constitution est un ensemble plus ou moins systématique de déterminations normatives qui définissent l'existence et encadrent le mode d'action, à l'intérieur et à l'extérieur de ses frontières, d'un État et de ses agents. Par rapport à la loi ordinaire, ces normes jouissent, tout comme l'ordre constitutionnel dans son ensemble, d'une protection renforcée par des majorités qualifiées, afin de préserver la stabilité des institutions publiques et de garantir leur relative indépendance à l'égard des fluctuations de la vie politique. Même lorsque la norme constitutionnelle est comprise, au diapason des mutations de la société, comme *living constitution* et non

1. L. Wittgenstein, *Philosophische Untersuchungen*, Francfort/ Main, Suhrkamp, 1984, p. 572 ; *Recherches philosophiques*, trad. fr. F. Dastur *et al.*, Paris, Gallimard, 2004, p. 316.

plus selon une mythologie « originaliste »[1], elle doit en principe demeurer à l'abri de l'action à court terme (et souvent à courte vue) des individus et des groupements sociaux (partis politiques, groupes d'intérêts, etc.). En tant que cadre normatif de l'agir individuel et collectif, la constitution, à première vue, se situe et doit se situer à distance du monde vécu quotidien ; celui-ci, de son côté, forme l'arrière-plan des interactions matérielles et symboliques des individus et des groupes sociaux, au risque que « la forêt épaisse » du monde vécu, comme dit Habermas[2], envahisse l'espace présumé pur des normes juridiques, et l'ouvre ainsi à la controverse.

Toutefois, le mot « constitution » a un champ sémantique plus étendu que celui qui vient d'être sommairement décrit. Une constitution (qu'on me pardonne cette banalité) n'est pas un simple corpus écrit de déterminations normatives, bien que la plupart des États modernes disposent d'un tel texte constitutionnel. Elle est aussi une réalité hautement politique, puisque, fût-ce de façon déformée, elle transcrit dans la langue du droit la conscience de soi de la *polis* : la réalité effective d'une constitution, écrit Hegel, est enracinée dans « la manière d'être et la culture de [la] conscience de soi » d'un peuple, et c'est en cela que réside la « liberté » de celui-ci (*Grundlinien*, § 274, p. 229 ; *PPD*, p. 466).

1. Voir la présentation de la position originaliste, aujourd'hui majoritaire au sein de la Cour Suprême des États-Unis : https://constitutioncenter.org/the-constitution/white-papers/on-originalism-in-constitutional-interpretation. En langue française, voir A. Vlachogiannis, *La Living Constitution*, Paris, Classiques Garnier, 2014.

2. J. Habermas, *Nachmetaphysisches Denken*, Francfort/Main, Suhrkamp, 1988, p. 59 ; trad. fr. R. Rochlitz, *La pensée postmétaphysique*, dans *Parcours* 1, trad. fr. C. Bouchindhomme et R. Rochlitz, Paris, Gallimard, 2018, p. 272.

On a affaire ici à un concept de constitution nettement différent de celui des juristes constitutionnalistes, et plus requérant que lui. D'après Hegel, même un peuple qui n'a aucune constitution écrite, comme la Grande-Bretagne, a une constitution, un mode d'être fondamental, auquel correspond une représentation plus ou moins claire de ce qu'il est ou veut être. En ce sens, il n'est pas inapproprié de parler de la constitution d'Athènes ou de celle de la République romaine, voire de la constitution mosaïque, si on entend par là non pas un document écrit mais la compréhension de soi et l'*ethos* politique d'une communauté historique (ou de la fraction dominante en son sein), autrement dit le mode de son être-soi. Comme Aristote qui, lorsqu'il analyse la *politeia* de telle ou telle cité, ne se borne pas à exposer l'organisation technique des magistratures publiques, mais se préoccupe du rapport entre celle-ci et « ce en vue de quoi la cité est constituée » (*Politiques*, III-6, 1278 b 15-16), Hegel privilégie une signification supra-juridique du mot lorsqu'il définit la « constitution politique » comme étant « l'organisme de l'État » (*Grundlinien*, § 269, p. 212 ; *PPD*, p. 439-440) ou lorsque, dans son article sur le droit naturel, il évoque, en paraphrasant Platon (*République*, IV, 425 d-e), la « constitution véritablement éthique » de la cité (*Naturrecht*, p. 457 ; *Droit naturel*, p. 67).

Dans certaines langues, il existe une autre signification, sans doute peu usitée désormais, du mot « constitution ». En français ou en anglais, par exemple, on peut parler, dans un langage semi-médical, de la bonne ou mauvaise « constitution » d'une personne, en vue de décrire sa capacité anatomique et physiologique à rester en bonne santé ou à tomber malade. À mon avis, cet usage paramédical du terme peut aussi contribuer à clarifier la manière dont Hegel comprend la constitution. Pour lui, en effet, la constitution n'est pas un simple dispositif normatif définissant la structure des différentes branches de l'appareil de l'État, leur mode de fonctionnement et leurs interactions ; elle est aussi, et peut-être surtout, une forme de vie et, en quelque sorte, un bulletin de santé du corps politique entendu, de façon holistique, comme un sujet actuel ou potentiel.

Penser l'État dans le cadre d'une nouvelle conception de la subjectivité et de l'objectivité

Le simple fait que la troisième section de la troisième partie (« L'éthicité ») des *Principes de la philosophie du droit*, celle qui est consacrée à l'État, occupe à elle seule presqu'un tiers du volume total de l'ouvrage témoigne de l'importance accordée par Hegel à cette institution dans sa doctrine de l'esprit objectif; celle-ci (si on y inclut, comme le fait Hegel, une philosophie de l'histoire comme histoire *des États*) ne se termine pas fortuitement par une théorie de l'État « moderne », c'est-à-dire de l'État postrévolutionnaire, dont le caractère principal, on l'oublie trop, est selon lui qu'il « fait preuve de respect pour la liberté subjective » de ses citoyens (Hotho, *GW* 26-2, p. 1028 ; *PPD*, § 299 Addition, p. 727). Cette place considérable de l'État dans l'économie des *Principes* a nourri le durable soupçon d'étatisme, voire de « prussianisme » dont a souffert la pensée de Hegel. C'est ainsi qu'en 1857 Rudolf Haym a soutenu, dans un ouvrage par ailleurs bien informé, que le système hégélien est « la demeure scientifique de l'esprit de la restauration prussienne »[1]. Qu'une telle présentation représente une falsification de la pensée de Hegel n'est plus à prouver; pour autant, l'idée sans doute textuellement fondée que la philosophie de Hegel est en son entier une « pensée de la liberté », selon le titre d'un ouvrage de Klaus Vieweg[2], a du mal à s'imposer en dehors du cercle des spécialistes, ne serait-ce que parce que la conception hégélienne de la liberté comme « être auprès de soi dans l'autre » n'est pas immédiatement intelligible, non plus que son concept métajuridique de constitution.

Je crois qu'il est souhaitable, pour surmonter les équivoques, de reprendre les choses à la base et de se demander ce que signifient exactement chez Hegel « État », « constitution » et d'autres concepts apparentés. Sa conception de l'État, de la constitution, etc., concorde-t-elle avec les représentations que nous associons communément à ces termes? Ma présomption est que Hegel ne s'oppose pas tant à ces représentations – comme s'il prétendait, par exemple, que l'État n'est pas une menace pour la liberté individuelle ou, au contraire, qu'il lui fixe à bon droit des limites – qu'il ne conteste la présupposition sur laquelle reposent de telles affirmations. Cette présupposition peut, en gros, être formulée de la façon suivante : l'État est une institution qui, indépendamment de sa provenance, de sa légitimité

1. R. Haym, *Hegel und seine Zeit*, Berlin, Rudolph Gaertner, 1857, p. 359; trad. fr. P. Osmo, *Hegel et son temps*, Paris, Gallimard, 2008, p. 421.

2. K. Vieweg, *Das Denken der Freiheit. Hegels* Grundlinien der Philosophie des Rechts, Munich, W. Fink, 2012; voir également la biographie qu'il lui a consacrée : *Hegel, der Philosoph der Freiheit*, Munich, Beck, 2019.

et de son organisation interne (de sa « constitution »), est foncièrement étrangère à l'être des individus qui sont ses « sujets » et à la manière dont ils conçoivent et vivent leur identité, bien que les structures politiques existantes impactent aussi, cela va de soi, les représentations et les conduites de ces individus. Lorsqu'on dérive des propriétés attribuées aux individus la légitimité de l'État (par exemple dans le cadre d'une théorie du pacte social concevant la volonté générale comme une certaine concaténation des volontés individuelles), l'individu demeure un donné préexistant (il est ce qu'il est « par nature ») : son identité n'est pas, pour l'essentiel, socialement ou politiquement construite, et l'État (ou « la société ») doit, dans le meilleur des cas, s'efforcer de la respecter et de la garantir. Dans une telle perspective, la représentation de soi de l'individu moderne repose sur une évidence présumée : l'objectivité institutionnelle de cette grosse machine qu'est « le plus froid de tous les monstres froids » est foncièrement étrangère à sa propre identité et aussi, dans une large mesure, aux figures authentiques ou inauthentiques de la conscience collective (communautés diverses, classes, nation, etc.). L'État serait un appareil institutionnel existant de façon indépendante, découplé pour l'essentiel des propriétés qui sont celles d'un sujet autonome, individuel ou collectif. En d'autres termes : la conception que l'individu moderne a spontanément de lui-même et de son rapport à la société est atomistique et non holistique[1].

1. Voir Ch. Taylor, « L'atomisme », dans *La liberté des modernes*, trad. fr. P. de Lara, Paris, Puf, 1997, p. 223-254.

Représentant emblématique d'un mode de pensée holiste, comme le note Philip Pettit[1], Hegel récuse cette problématique : non seulement parce qu'il rejette toute défiance de principe à l'égard de l'État, mais surtout parce que sa théorie de l'État engage une conception du rapport entre individu et collectivité qui elle-même se fonde sur une conception spécifique de la subjectivité et de l'objectivité. Celle-ci est exposée non dans la philosophie de l'esprit, mais d'abord dans la *Science de la logique*; la métaphysique sociale holiste de Hegel repose ainsi sur une ontologie dialectique dont il faut dire quelques mots. Selon celle-ci, la subjectivité n'est pas en première ligne un prédicat, voire l'essence du « Moi », c'est-à-dire de ce que Hegel nomme « la subjectivité immédiate » ou « la subjectivité mauvaise et finie » (*Enzykl*, § 147 Zusatz, *GW* 23-3, p. 921 ; *Encycl* 1, p. 582) : elle est plutôt la détermination propre du *concept*, que Hegel ne définit pas comme une représentation mentale mais comme l'automouvement ou l'autoposition de la pensée, qu'il ne faut pas confondre avec une simple « activité subjective » de type représentationnel (*Enzykl*, § 20 Zusatz, *GW* 23-3, p. 814 ; *Encycl* 1, p. 470). Il ne conçoit donc l'opposition sujet-objet ni comme une donnée de fait, ni comme un produit de l'activité catégoriale de la subjectivité « finie » confrontée à un monde objectif « donné », mais comme un moment d'un processus d'opposition à soi et de retour à soi du concept qui doit être entendu comme « *retour négatif de soi en soi-même* » (*Enzykl* 3, § 213

1. Dans un texte intitulé « For Holism, against Atomism », Philip Petitt évoque « la vaste tradition hégélienne du holisme social » (*The Common Mind. An Essay on Psychology, Society, and Politics*, Oxford, Oxford University Press, 1996, p. 167).

Anm., p. 216 ; *Encycl* 1, p. 447) et donc, en quelque sorte, comme son propre sujet. D'où le jugement suivant :

> [Dans la logique ordinaire] la pensée vaut comme une activité simplement subjective et formelle, et ce qui est objectif, face à la pensée, comme quelque chose de ferme et qui existe pour soi-même. Mais ce dualisme n'est pas ce qui est vrai, et c'est une démarche dépourvue de pensée que d'accueillir ainsi sans plus les déterminations de subjectivité et d'objectivité et de ne pas s'interroger sur leur provenance. [...] Lorsqu'il est dit du concept qu'il est subjectif et seulement subjectif, cela est tout à fait juste dans la mesure où il est sans conteste la subjectivité elle-même. [...] Or, faut-il ajouter, cette subjectivité, avec ses déterminations [...], ne peut être considérée comme une charpente vide qui a à recevoir son remplissement de l'extérieur au moyen d'objets existant pour eux-mêmes, mais c'est la subjectivité elle-même qui, en tant que dialectique, brise sa borne et s'ouvre en direction de l'objectivité. (*Enzykl*, § 192 Zusatz, *GW* 23-3, p. 944-945 ; *Encycl* 1, p. 607, trad. fr. modifiée).

À l'encontre de toute philosophie anthropocentrée du sujet, il s'agit donc de penser la subjectivité à partir du concept, et non le concept à partir du sujet (fini, psychologique). Le concevoir n'est pas l'acte représentatif d'une « chose qui pense » préexistante, suivant la définition de Descartes[1]. Le concept n'est pas subjectif parce qu'il serait le produit d'une subjectivité constituante ou d'un « Moi transcendantal », il l'est dans la mesure où il décrit l'auto-constitution de la pensée. Telle est, selon moi, la signification de la formulation programmatique de la

1. R. Descartes, *Méditations*, II, *Œuvres philosophiques*, t. II, Paris, Garnier, 1967, p. 420 : « Mais qu'est-ce donc que je suis ? Une chose qui pense ».

Préface de la *Phénoménologie de l'esprit* : « Ce dont tout dépend, selon mon discernement, ce n'est pas d'appréhender et d'exprimer le vrai comme *substance*, mais de l'appréhender et de l'exprimer tout aussi bien comme *sujet* » (*PhG*, p. 18 ; *PhE*, p. 68). La position philosophique fondamentale de Hegel, telle qu'elle s'expose d'un bout à l'autre de la *Science de la Logique*, consiste à aller d'une pensée de la substantialité (ontologie) à une pensée de la subjectivité conçue d'une manière qui ne soit pas anthropomorphe.

Quelles conséquences ces indications très générales ont-elles pour la théorie de l'esprit objectif, et en particulier pour la conception de l'État qui constitue l'aboutissement de la philosophie hégélienne du droit au sens extensif qu'elle donne à ce terme[1] ? Avant tout, la suivante : il faut écarter toute représentation de la relation entre État et individu qui maintienne, directement ou indirectement, un schéma opposant de façon rigide l'objectivité et la subjectivité. Cette relation doit au contraire être pensée comme une dynamique les engendrant conjointement. Cette dynamique consiste en un double mouvement d'objectivation de la subjectivité et de subjectivation de l'objectivité qui, pris ensemble, permettent de penser l'État non comme une configuration impersonnelle, un ensemble d'appareils, mais comme une forme de vie ou une institution au sens étymologique du terme, c'est-à-dire comme une série ordonnée de processus instituants.

1. Je laisse de côté, à dessein, la philosophie de l'histoire qui conclut la théorie de l'esprit objectif, à la fois parce qu'elle mériterait de longs développements et parce qu'elle constitue, du point de vue de Hegel, une philosophie de l'histoire *des États*, les sociétés sans État se situant « avant le commencement de l'histoire effective » (*Grundlinien*, § 349 Anm., p. 277 ; *PPD*, p. 549).

OBJECTIVATION DE LA SUBJECTIVITÉ

Les différentes couches de la subjectivité sont étudiées par les diverses branches de la théorie de l'esprit subjectif qui, prises ensemble, constituent une psychologie spéculative (non empirique) dont la limite est qu'elle « se rapporte *seulement* aux sujets *singuliers* comme tels » (*Enzykl* 3, § 387 Anm., p. 387 ; *Encycl* 3, p. 184). Cette subjectivité finie s'accomplit effectivement sur le terrain de l'esprit objectif, où « la liberté [est] configurée en l'effectivité d'un *monde* » et « reçoit la *forme de la nécessité* » (*Enzykl* 3, § 484, p. 478 ; *Encycl* 3, p. 282). Cette effectuation s'opère à trois niveaux, qui correspondent aux trois sphères de l'esprit objectif. Dans le domaine du droit privé (« abstrait »), le sujet de droit (la personne) inscrit dans les choses sa volonté, qui se trouve ainsi « désubjectivée » grâce aux procédures de l'appropriation, du contrat et de la réparation des violations du droit. Dans la sphère de la moralité, le sujet moral, en se soumettant librement à un ensemble de normes évaluatives que résume le concept de Bien, s'objective lui-même à travers ses actions (*Handlungen*) : « ce qu'*est* le sujet est la *série de ses actions* » (*Grundlinien*, § 124, p. 110 ; *PPD*, p. 276). Enfin, dans la sphère de la *Sittlichkeit*, qui combine les propriétés des deux précédentes, l'individualité s'incarne dans des figures objectives correspondant aux divers rôles que l'individu est amené à assumer simultanément : celui de membre d'une famille (homme, femme, enfant) ; celui d'homme privé, de « bourgeois » au sens de Rousseau ou de Kant, tel qu'il est socialisé par les règles du marché, les normes du droit civil, la réglementation administrative (Hegel utilise la dénomination surannée de « police ») et les institutions corporatives ; celui de citoyen politique, enfin, qui associe en lui, de façon parfois contradictoire, « l'extrême de la *singularité* » (l'individu centré sur lui-même, ses besoins et ses désirs) et « l'extrême de l'*universalité* » (le même individu en tant qu'il se règle sur le bien commun) (*Grundlinien*, § 264, p. 210 ; *PPD*, p. 436).

Structurée par les institutions de la *Sittlichkeit* (qui ne se limitent certainement pas à celles de l'État), la forme de vie « civique » requiert, de la part des citoyens, une propriété subjective spécifique, que Hegel dénomme la disposition d'esprit politique (*politische Gesinnung*) et qui constitue la « substantialité *subjective* » de l'État :

> La *disposition d'esprit* politique, [c'est-à-dire] de manière générale le *patriotisme*, en tant que certitude se tenant en *vérité* [...] et en tant que vouloir devenu *habitude*, n'est qu'un résultat des institutions qui subsistent dans l'État, en tant que c'est en celui-ci que la rationalité est *effectivement* présente-là, tout comme elle reçoit sa mise en œuvre grâce à l'agir conforme à elles. Cette disposition d'esprit est [...] la conscience de ce que mon intérêt substantiel et particulier est protégé et contenu dans l'intérêt et la fin d'un autre (ici, l'État), [...] ce en quoi, précisément, celui-ci n'est pas un autre pour moi, et ce en quoi, dans cette conscience, je suis libre. (*Grundlinien*, § 268, p. 211-212 ; *PPD*, p. 438-439)

Cette disposition d'esprit, dont dépendent « la profondeur et la vigueur » de l'État (*Grundlinien*, § 289 Anm., p. 242 ; *PPD*, p. 489), est le véritable patriotisme. Ce serait une grossière erreur de réduire ce dernier à « l'aptitude à des sacrifices et à des actions *extraordinaires* », à l'héroïsme du soldat sur les champs de bataille (*Grundlinien*, § 268 Anm., p. 212 ; *PPD*, p. 439). La *politische Gesinnung* est plutôt l'attitude subjective requise par la concitoyenneté quotidienne : un sens civique, une conscience « citoyenne » en l'absence de laquelle l'État pourrait effectivement devenir cette machine oppressive surplombant et contraignant l'agir individuel que notre conscience spontanée le soupçonne d'être. Elle n'est ni une soumission passive des sujets individuels à l'appareil étatique et à son idéologie, ni à l'inverse une représentation arbitraire de ce que l'État et la politique devraient être. Autrement dit, notre soumission *non contrainte* à la volonté générale n'implique aucun sacrifice majeur de nos aspirations particulières ; elle aide même à conforter des identités sociales qui n'existent que de manière inchoative lorsqu'elles ne sont pas politiquement activées. Toutefois, la disposition d'esprit politique n'est pas un savoir d'ordre cognitif mobilisable à notre gré ; elle est plutôt une aptitude préréflexive à agir en accord avec les conditions qui rendent objectivement la liberté possible, aptitude qui s'exprime « dans le cours habituel de la vie » au travers de pratiques réglées qui font office de rites d'appartenance. Si modestes que soient ses expressions, cet *ethos* politique partagé comporte une rationalité profonde qui surpasse les représentations et les intentions individuelles, sans faire pour autant des individus-citoyens, contrairement au soupçon qui continue de peser sur la pensée de Hegel, des marionnettes au service d'un dessein supérieur. Le patriotisme au quotidien – on pourrait dire aussi : la civilité – manifeste la signification profonde de l'État tel que le conçoit Hegel : il a pour tâche d'offrir une traduction institutionnelle à l'aspiration à un vivre ensemble, au demeurant non exempt de conflits, qui tout à la fois procède de formes de vie réglées et conforte celles-ci. La disposition politique est ainsi le visage subjectif de la constitution, qu'elle vitalise en lui apportant la « confiance » des citoyens ; mais il ne s'agit pas *d'abord* de la confiance envers les gouvernants, toujours fluctuante et sujette à caution, mais envers l'institution politique du vivre-ensemble en tant que telle.

Cette conception praxéologique, si j'ose dire, de la subjectivité politique est, au demeurant, en conformité avec l'idée générale de la *Sittlichkeit* en tant que forme de vie à la fois objective et subjective, « disposition d'esprit subjective, mais [dirigée vers] le droit qui est en soi » (*Grundlinien*, § 141 Anm., p. 135 ; *PPD*, p. 313). C'est seulement grâce à l'interaction de ces deux dimensions (qui ne signifie pas leur confusion, laquelle conduirait au sacrifice de la liberté) que la vie éthique, en tant que réseau de pratiques normativement filtrées, reçoit une véritable teneur rationnelle. Au demeurant, cette caractérisation « subjective-objective » de la *Sittlichkeit* n'est pas une stipulation arbitraire du philosophe. Elle est plutôt l'expression d'une tâche majeure de la modernité telle que la conçoit Hegel (à la suite de Kant, d'ailleurs) : réaliser la liberté du sujet individuel sur le terrain de l'objectivité éthico-politique institutionnalisée. À cet égard, la formation d'un *ethos* politique commun, qui a commencé à s'opérer lors de la Révolution française, est tout aussi importante que la mise en place d'institutions non oppressives et d'une nouvelle forme de vie, ordonnée au but qu'est la liberté tant individuelle que collective.

SUBJECTIVATION DE L'OBJECTIVITÉ

L'organisation constitutionnelle de l'État comporte elle-même une dimension subjective qu'il convient maintenant d'examiner; elle n'est véritablement intelligible, selon Hegel, qu'à partir de « la substance et la subjectivité véritable du concept », autrement dit de la relation complexe que celui-ci dessine entre universalité, particularité et singularité (*Grundlinien*, § 278 Anm., p. 231 ; *PPD*, p. 471). Cette affirmation doit être prise à la lettre : pour Hegel, c'est seulement si on attribue à l'État le type de subjectivité qui, selon la *Logique*, caractérise d'abord et avant tout le concept – à savoir le pouvoir de développer à partir de soi-même des déterminations différenciées mais coordonnées – que l'on peut expliquer spéculativement, de manière non empirique, que l'action de l'État se distribue entre différents pouvoirs (législatif, exécutif et princier[1]) sans qu'il se voie privé de son unité principielle. Sinon, la « *nécessaire division* » des pouvoirs, qui contient « le moment essentiel de la *différence*, de la rationalité *réelle* », se dégraderait en indépendance de ceux-ci, ce qui conduirait à la « dévastation de l'État » – un État qui, contrairement au « point de vue de la populace », n'est

1. Hegel s'appuie implicitement sur la distinction romaine de l'*auctoritas* et de la *potestas* pour ne pas inclure parmi les pouvoirs de l'État l'autorité judiciaire, dont la puissance est « en quelque façon nulle » (Montesquieu, *L'esprit des lois*, livre XI, chapitre 6, *op. cit.*, p. 173); selon lui, l'administration du droit civil et pénal, même si elle est « une obligation » et « un droit » de la « puissance publique » (*Grundlinien*, § 219 Anm., p. 183 ; *PPD*, p. 387), relève fondamentalement de la société civile qui en quelque sorte se juge elle-même par la bouche du magistrat, même lorsque celui-ci est un fonctionnaire public.

que s'il est un (*Grundlinien*, § 272 Anm., p. 224-225; *PPD*, p. 458-459). Telle est la signification de l'expression surprenante qui intervient au § 278 des *Principes de la philosophie du droit* : « l'*idéalisme* qui constitue la souveraineté » (*Grundlinien*, § 278 Anm., p. 231; *PPD*, p. 471). La souveraineté de l'État est « idéelle » parce que, comme le fait un « organisme animal », elle se distribue entre différents « membres » (les « pouvoirs particuliers de l'État »), tout en préservant ceux-ci de la « maladie » qu'est « l'isolement » (*ibid.*). La « subjectivité » (ou l'idéalité) de l'État signifie donc, comme l'indique la métaphore de l'organisme (qui n'est rien de plus qu'une métaphore : la pensée de Hegel n'est pas « organiciste », comme le sont certaines conceptions romantiques contemporaines des siennes) : production et conservation de l'unité au moyen de sa différenciation. Cette propriété de l'organisme « subjectif » qu'est l'État, on pourrait la nommer, en employant un vocabulaire que Hegel ignorait évidemment : auto-organisation ou autopoïèse.

Un aspect bien connu, très souvent commenté[1], de cette dimension « subjective » de l'État est le rôle éminent conféré par Hegel à la personne du monarque dans l'architecture constitutionnelle :

> La souveraineté, [...] n'*existe* qu'en tant que *subjectivité* certaine d'elle-même et qu'*autodétermination* abstraite

1. Voir B. Bourgeois, « Le prince hégélien », dans *Études hégéliennes*, Paris, Puf, 1992, p. 207-238; C. Cesa, « Entscheidung und Schicksal : die fürstliche Gewalt », *in* D. Henrich et R. P. Horstmann (dir.), *Hegels Philosophie des Rechts. Die Theorie der Rechtsformen und ihre Logik*, Stuttgart, Klett-Cotta, 1982, p. 185-205; D. Souche-Dagues, « Le pouvoir princier », dans *Logique et politique hégéliennes*, Paris, Vrin, 1983, p. 73-125.

> ([et] dans cette mesure dépourvue de fondement) de la volonté, autodétermination en laquelle réside l'élément ultime de la décision. [...] Or, en sa vérité, la subjectivité n'est qu'en tant que *sujet*, la personnalité n'est qu'en tant que *personne*, et, dans la constitution qui a prospéré jusqu'à la rationalité réelle, chacun des trois moments du concept a sa configuration séparée, *effective pour soi*. Par conséquent, ce moment du tout qui décide absolument n'est pas l'individualité en général, il est au contraire *un* individu, le *monarque* (*Grundlinien*, § 279, p. 232; *PPD*, p. 473)

Marx s'est gaussé de la « mystification », du tour de passe-passe qui permet de transformer la souveraineté de l'État en souveraineté du monarque[1]. Toutefois, il faut noter que Hegel n'attribue pas la souveraineté au monarque; il indique au contraire clairement qu'elle appartient exclusivement à l'État dont elle prédique l'unité fondamentale dans la diversité de ses modes d'action (*Grundlinien*, § 278, p. 230; *PPD*, p. 470). Le monarque est (et n'est que) l'*existence* de la souveraineté, son incarnation. Cette incarnation subjective de « l'idéalité » de l'État est nécessaire, car la multiplicité des normes générales issues des délibérations du législateur et des mesures techniques prises par la machine gouvernementale (décrets, arrêtés, circulaires...) requiert, pour ne pas demeurer lettre morte, « l'élément ultime de la décision » qui va les rendre effectives, et s'incarner dans la personne du monarque. Dans son cours de 1822-1823, Hegel souligne plus clairement que dans les *Principes de la philosophie du droit* cette secondarité de l'acte

1. K. Marx, *Contribution à la critique de la philosophie du droit de Hegel*, trad. fr. V. Béguin *et al.*, Paris, Éditions sociales, 2018, p. 102 *sq.*

subjectif du monarque – provoquant, dit-on, l'irritation du roi de Prusse :

> Dans le cas d'une organisation parachevée [de l'État], on n'a affaire [avec le monarque] qu'au sommet de l'acte formel de décider et on n'a besoin comme monarque que d'un être humain qui dit « oui » et met le point sur le i. [...] Dans une monarchie bien ordonnée, c'est à la loi seule que revient le côté objectif; le monarque n'a qu'y ajouter le « Je veux » subjectif. (Hotho, *GW* 26-2, p. 1015-1016; *PPD*, § 280 Addition, p. 720-721)

Il convient donc, selon moi, de distinguer et de hiérarchiser la subjectivité primaire de l'État, son unité conceptuelle fondamentale, et la subjectivité secondaire du monarque qui porte à l'existence les œuvres de la précédente et qui peut, comme toute subjectivité empirique, être « mauvaise et finie ».

Je vais évoquer rapidement un autre aspect, celui-ci relativement inaperçu, de cette « subjectivité » de la constitution étatique : c'est ce qu'on pourrait nommer la bipolarité de la constitution, qui justifie qu'on puisse qualifier celle-ci, en dépit de ce que cela a d'inhabituel, de forme de vie. Comme toute configuration éthique au sens où Hegel entend ce terme (et qui a peu à voir avec son actuelle compréhension commune), l'État comporte deux dimensions symétriques, l'une sur le terrain de la subjectivité, l'autre sur celui de l'objectivité; il doit être compris aussi bien comme « substantialité *subjective* » que comme « substantialité *objective* » (*Grundlinien*, § 267, p. 211 ; *PPD*, p. 438). Dans ce qu'on décrit usuellement comme « l'État », il existe deux pôles solidaires : le pôle subjectif est représenté par la disposition d'esprit politique des citoyens, elle-même engendrée et nourrie par leur appartenance à des institutions sociales comme les Églises et les corporations ; et le pôle objectif correspond aux différentes configurations institutionnelles qui composent la machine étatique. (À vrai dire, cette présentation est une simplification, car les institutions étatiques « objectives » mettent elles aussi en œuvre des formes de subjectivité, des formes du « Moi » et des formes du « Nous » : le prochain chapitre y reviendra). Ces institutions (par exemple : les Chambres du Parlement), organisées conformément à la « constitution » au sens ordinaire du mot, ne sont donc qu'*une seule* des deux dimensions de l'État, pour autant que celui-ci mérite d'être qualifié d'institution éthique, ce qui n'est certes pas le cas de tous les États réellement existants. Et ces deux dimensions, ces deux pôles entre lesquels et dans l'interaction desquels se déploie l'activité étatique, sont conceptuellement et pratiquement inséparables. Cela veut dire que l'État n'est pas (ou pas seulement) un système institutionnel organisé selon un ensemble de principes normatifs consignés dans un texte, mais tout aussi essentiellement une réalité intersubjective, un *monde vécu*. Hegel le présente comme « l'effectivité de l'idée éthique » (*Grundlinien*, § 257, p. 201 ; *PPD*, p. 416). Ce n'est pas seulement du jargon. En effet l'idée, telle que Hegel la présente dans la *Logique*, et qui est tout autre chose qu'une représentation mentale, est à entendre comme une entité aussi bien subjective qu'objective, comme « sujet-objet » (*WdL* 3, p. 176 ; *SL* 3, p. 229). Une telle description ne serait pas applicable à des institutions selon la manière dont elles sont usuellement comprises, à savoir comme des machines ou des appareils. Mais les institutions telles que les conçoit Hegel – pas seulement les institutions politiques, d'ailleurs – ne sont précisément pas des dispositifs impersonnels ; si on veut les qualifier de machines, disons que ce sont des « machines complexes », des machines dont les processus objectifs engagent, et même produisent de la subjectivité et définissent des formes de vie particulières. En l'occurrence, c'est seulement dans la mesure où les structures étatiques sont animées par le vouloir et l'agir des individus-citoyens, portées par leur *Gesinnung*, qu'elles sont en mesure de produire ce que Hegel nomme « la *réunion* en tant que telle », et de permettre aux individus de « mener une vie universelle » sans pour autant que s'efface leur vie singulière de sujets psychologiques et moraux, d'acteurs sociaux et de personnes juridiques (*Grundlinien*, § 258 Anm., p. 201-202 ; *PPD*, p. 417).

CONSTITUTION POLITIQUE ET CONSTITUTION SOCIALE DE L'ÉTAT

La conception selon laquelle l'État comporte à la fois une dimension objective (les « structures ») et une dimension subjective (le « monde vécu ») conduit à modifier la vision traditionnelle de la constitution. Celle-ci ne doit pas être identifiée à un pur arrangement juridico-institutionnel. La constitution est plutôt la dynamique grâce à laquelle l'État *se constitue* dans et par l'interaction des institutions structurant la vie publique et des attitudes subjectives des citoyens : elle est le processus par lequel « l'universel se *produit* continûment [...] et se *conserve* » (*Grundlinien*, § 269, p. 212 ; *PPD*, p. 440). Hegel récuse par conséquent toute forme de normativisme abstrait et de constructionnisme politique. Si la constitution n'est pas autre chose que le mode d'auto-institution d'une communauté politique, ce serait une grave erreur de croire qu'il existe des formes d'organisation politique bonnes en elles-mêmes, que l'on pourrait et devrait mettre en place de façon volontariste à la place de ce qui existe :

> La question [de savoir] à qui, à quelle autorité, et organisée de quelle manière, revient le pouvoir de *faire une constitution*, est la même que celle [de savoir] qui aurait à faire l'esprit d'un peuple [...] Ce que l'on nomme *faire* une constitution ne s'est [...] jamais rencontré dans l'histoire, aussi peu que l'entreprise consistant à *faire* un code de lois ; une constitution s'est seulement *développée* à partir de l'esprit en [parfaite] identité avec le propre développement de celui-ci [...]. C'est par l'esprit immanent et l'histoire – et en vérité l'histoire est seulement l'histoire de *celui-ci* – que les constitutions ont été et sont faites. (*Enzykl* 3, § 540 Anm., p. 513-514 ; *Encycl* 3, p. 317, trad. fr. modifiée)

Cette conception « organique » de la constitution a des conséquences notables, sur le plan politique et sur le plan théorique.

Politiquement, elle implique une critique des tentatives faites, notamment à la suite de la Révolution française, pour imposer une « meilleure » constitution à un peuple qui n'y est pas prêt, comme Bonaparte tenta de le faire en Espagne (Hotho, *GW* 26-2, p. 1011 ; *PPD*, § 274 Addition, p. 717). De même, dans son article de 1817 sur les « États » (*Stände*) du royaume de Wurtemberg, Hegel analyse en détail l'échec de la tentative du roi de Wurtemberg (qui cherche, il est vrai, à faire oublier qu'il doit son trône à Napoléon) pour leur faire entériner la mise en place d'une constitution plus ou moins libérale sur les ruines de « ce non-sens institutionnel qu'on a appelé *Empire allemand* » (*Ständeschrift*, p. 31 ; *Actes*, p. 208). Alors que, selon Hegel, le monarque entend seulement « créer *de l'intérieur* » une monarchie constitutionnelle, la plupart des membres des États veulent au contraire, à l'encontre du « droit rationnel » dont la « prodigieuse expérience » française a tenté de concrétiser les principes, maintenir en vie un droit postféodal et imperméable aux « idées françaises », bref : le « *bon vieux droit* » (*Ständeschrift*, p. 97 ; *Actes*, p. 305). La conclusion que tire Hegel de cet échec est qu'un prince (plus ou moins) bien intentionné n'est pas en mesure d'imposer à un peuple ou à des élites qui n'y sont pas prêts un ordre politique jugé, sans doute à bon droit, plus juste et plus rationnel.

La *véritable* constitution d'un État est celle qui concorde avec l'esprit du peuple (*Volksgeist*), avec l'esprit général de la nation au sens de Montesquieu[1], tel qu'il s'exprime dans les représentations collectives et les coutumes ; et cet esprit, on ne le violente pas impunément. D'où ce jugement : « chaque peuple possède la constitution qui lui est appropriée et qui lui revient » (*Grundlinien*, § 274 Anm., p. 229 ; *PPD*, p. 467). La sentence n'est conservatrice qu'en apparence : en effet, elle peut signifier aussi que lorsque l'esprit du peuple est mûr pour un changement, voire pour un bouleversement de la constitution existante, rien ne pourra s'y opposer, et surtout pas la vaine résistance de ceux qui,

1. Voir Montesquieu, *L'esprit des lois*, livre XIX, chap. 5, *op. cit.*, p. 330 : « C'est au législateur à suivre l'esprit de la nation, lorsqu'il n'est pas contraire aux principes du gouvernement ; car nous ne faisons rien de mieux que ce que nous faisons librement, et en suivant notre génie naturel ».

selon un mot de Talleyrand à propos des émigrés que Hegel reprend à son compte, « n'ont rien oublié et rien appris » et « jouent la pièce à l'envers » (*Ständeschrift*, p. 61 ; *Actes*, p. 256). Cependant, il faut rappeler que, contrairement à ce qu'on prétend souvent, la « constitution de la raison *développée* » décrite par Hegel (dans son esprit, il s'agit de la monarchie constitutionnelle : *Enzykl* 3, § 542, p. 516; *Encycl* 3, p. 319) ne correspond pas à l'état de chose existant dans la Prusse des années 1820 : c'est seulement en 1851, vingt ans après la mort de Hegel et à la suite du grand mouvement révolutionnaire qui a ébranlé en 1848 les pouvoirs en place, que la Prusse se dotera d'une constitution! Pour sa part, Hegel s'est convaincu, sur la base d'une analyse politique et historique, que seul un régime constitutionnel est justifiable et viable depuis la Révolution française, qui a inauguré une nouvelle ère.

D'un point de vue théorique, ensuite, le concept parajuridique de constitution qu'élabore Hegel s'écarte aussi bien de la perspective jusnaturaliste classique (qui, en raison de son préjugé naturaliste, tend à dévoyer les exigences du « droit éternel de la raison » : *Ständeschrift*, p. 54 ; *Actes*, p. 244) que de la nouvelle perspective historico-positiviste qui va devenir dominante dans la deuxième moitié du dix-neuvième siècle. Hegel conçoit la constitution non comme le cadre juridico-normatif des activités de l'État, mais comme le champ d'une dialectique des normes et de l'action grâce à laquelle communauté et individualité, structures et pratiques, subjectivité et objectivité se construisent mutuellement. La principale originalité de ce concept de constitution est que son domaine d'application s'étend aux niveaux pré-politiques de la *Sittlichkeit*, en particulier à la société civile.

Hegel, en effet, met en lumière l'enracinement des institutions *politiques* dans la culture et les institutions *sociales*. La disposition d'esprit des citoyens, écrit Hegel, résulte des « institutions qui subsistent dans l'État » (*Grundlinien*, § 268, p. 211 ; *PPD*, p. 438). Ces institutions, a-t-il été précisé quelques paragraphes auparavant,

> forment la *constitution*, c'est-à-dire la rationalité développée et effectuée, *dans* [l'élément du] *particulier*, et sont pour cette raison l'assise stable de l'État, de même que celle de la confiance et de la disposition d'esprit des individus envers celui-ci, et [elles sont] les piliers de la liberté publique, attendu qu'en elles la liberté particulière est réalisée et rationnelle [et] qu'ainsi, en elles-mêmes, la réunion de la liberté et de la nécessité est présente-là *en soi*. (*Grundlinien*, § 265, p. 211 ; *PPD*, p. 436-437)

De quelles institutions s'agit-il précisément ici? On comprend aussitôt, mais à tort, qu'il s'agit des institutions politiques. Mais, à ce moment de l'argumentation, les institutions étatiques proprement dites (assemblées représentatives, administration gouvernementale, etc.) n'ont pas encore été évoquées, et encore moins analysées. Dans les paragraphes immédiatement précédents (§ 262-263, auxquels renvoie le démonstratif « ces institutions »), il ne s'agissait pas des institutions politiques, mais de celles de la famille et de la société civile, en particulier des corporations, dans lesquelles les individus, ces atomes de socialité, ont, dit Hegel, « leur conscience de soi essentielle » et grâce auxquelles leurs actions poursuivent « une fin universelle » (*Grundlinien*, § 264,

p. 210-211 ; *PPD*, p. 436). Hegel considère donc qu'il existe dans les sphères non étatiques de la *Sittlichkeit* des configurations qui contribuent à la « constitution » (au sens dynamique du terme) de l'État, y compris dans sa dimension proprement politique.

Se comprend ainsi, rétrospectivement, la raison pour laquelle Hegel présente famille et corporations comme les « racines éthiques » de l'État (*Grundlinien*, § 255, p. 199 ; *PPD*, p. 414), ainsi que l'extension inusuelle du domaine d'application du concept de constitution aux sphères non politiques de la famille et de la société civile. On a ici affaire à une sorte de schéma récursif. L'appartenance aux institutions sociales favorise la formation de l'*ethos* politique des individus (le patriotisme quotidien valorisé dans la Remarque du paragraphe 268 des *Grundlinien*) ; celui-ci, en retour, nourrit les dispositions subjectives requises par le bon fonctionnement des institutions sociales partielles comme le mariage, le marché ou la corporation. Hegel décrit dans les termes suivants la relation entre « l'esprit de corporation » et « l'esprit de l'État » :

> L'esprit de corporation, qui s'engendre dans l'institution juridique (*Berechtigung*) des sphères particulières, se renverse en même temps au-dedans de soi-même en esprit de l'État, attendu que c'est en l'État qu'il a le moyen de préserver les fins particulières. Tel est le secret du patriotisme des citoyens [:] ils ont un savoir de l'État en tant que leur substance, parce qu'il préserve leurs sphères particulières, l'institution-juridique et l'autorité de celles-ci, ainsi que leur bien-être. Dans cette mesure, c'est dans l'esprit de corporation, puisqu'il contient *immédiatement l'enracinement du particulier dans l'universel*, que

> se trouvent la profondeur et la vigueur de l'État, qu'il tient de la *disposition d'esprit.* (*Grundlinien*, § 289 Anm., p. 242 ; *PPD*, p. 489)

Plus directement encore, Hegel souligne en 1817 dans son cours de Heidelberg sur « Droit naturel et science de l'État », qui est en quelque sorte la première mouture des *Grundlinien*, le rôle positif que jouent les corporations dans la formation d'un sens du bien commun, si elles ne se bornent pas à la défense de privilèges :

> Le patriotisme universel se forme par le fait que la liberté universelle se produit à travers la particularisation. Il faut que le patriotisme universel soit présent, mais se produise par l'esprit de corps. Maintenant, si de telles corporations ont beaucoup de privilèges, elles peuvent devenir dangereuses pour le tout ; il faut que la fin des corporations leur soit donnée par l'universel et pour l'universel (Wannenmann, § 132, *GW* 26-1, p. 160 ; *LDN*, p. 215)

Il est intéressant de noter que Hegel avait adopté une position à peu près contraire dans un fragment écrit durant son séjour à Berne, en 1794. Il écrivait alors que « l'esprit de corps » qui se développe dans les nations modernes menace et peut même détruire « l'esprit du tout » qui règne dans une « communauté qui se présente unanime devant les autels de ses dieux » (*Frühe Schriften* I, p. 125 ; *Berne*, p. 44). Ce renversement de point de vue correspond, comme nous l'avons vu au chapitre deux, à la rupture avec la vision nostalgique de l'Antiquité et à la réconciliation avec la modernité qui s'opère lors du séjour à Iéna et s'exprime en toute clarté dans la « Philosophie de l'esprit » de 1805 et la *Phénoménologie de l'esprit.* Mais il s'explique également par ce qu'on peut nommer le tournant institutionnel de la pensée de Hegel. Alors que le jeune Hegel, à l'instar de Rousseau, voyait dans les « associations partielles » de toutes sortes et dans leurs « brigues » un obstacle à la formation de la volonté générale et à la stabilité du lien politique[1], le Hegel de la maturité s'est convaincu de ce que les institutions particulières de la famille et de la société civile non seulement ne nuisent pas au développement et à la consolidation de « l'esprit du tout », mais lui sont même indispensables : « l'esprit de corporation » est pour ainsi dire la matrice de « l'esprit de l'État » et de la constitution politique.

Cette idée d'une *constitution sociale de l'État* est corroborée dans l'*Encyclopédie* au cours de l'analyse de la société civile, par conséquent *avant* l'introduction du concept politique de constitution (qui intervient dans la troisième édition au paragraphe 539) :

> Là où une société civile et, par là, un État, sont présents, apparaissent les états (*Stände*) en leur différence; car la substance universelle n'*existe* en tant que vivante que dans la mesure où elle se *particularise* organiquement; l'histoire des constitutions est l'histoire du développement (*Ausbildung*) de ces états, des rapports de droit des individus à ces états ainsi que de ces états les uns aux autres et à leur centre. (*Enzykl* 3, § 527 Anm., p. 500; *Encycl* 3, p. 304-305)

Cette constitution sociale semi-institutionnelle est *présupposée* par les institutions politiques, parce qu'elle rend possible, au sein même de l'élément de particularité et de diversité que représente la vie sociale, la formation

1. Voir J.-J. Rousseau, *Du contrat social*, livre II, chapitre 3, *Œuvres complètes*, t. III, p. 371-372.

d'une culture de l'universel sans laquelle il n'est pas de citoyenneté. On peut observer au passage que cette idée se retrouve aujourd'hui dans la proposition de Gunther Teubner suggérant d'élargir le champ d'application du concept juridique de constitution dans la direction d'un « constitutionnalisme social » intégrant et formalisant toute la diversité des « constitutions » qui régissent *de facto* la vie personnelle, économique et sociale[1].

La thèse d'une constitution sociale du politique contribue à expliquer l'option hégélienne, contestable et contestée en raison de l'écho fâcheux qu'elle recevra au vingtième siècle (notamment dans le fascisme italien), en faveur d'une assise corporative de la représentation politique. Si le Parlement (les « États ») doit être un « organe de médiation » (*Grundlinien*, § 302, p. 250 ; *PPD*, p. 504), sa composition doit refléter la structure institutionnalisée de la société civile, afin que le peuple politique ne soit pas un « agrégat de personnes privées » (*Enzykl* 3, § 544 Anm., p. 518 ; *Encycl* 3, p. 321), une « masse informe » (*Grundlinien*, § 279 Anm., p. 234 ; *PPD*, p. 476), mais une véritable communauté constituée et vécue comme telle. Hegel le dit à l'aide d'une image frappante : s'il doit y avoir une « vie politique », celle-ci ne doit pas être « située en l'air » (*Grundlinien*, § 303 Anm., p. 252 ; *PPD*, p. 507), flotter pour ainsi dire au-dessus du sol des pratiques et des institutions sociales, mais reposer sur « les assises réelles de la vie de l'État, telles qu'elles sont effectivement différenciées » (*Reformbill*, p. 364 ; *Reformbill* fr, p. 377, trad. fr. modifiée). Plutôt que de traiter le peuple comme un « amas » (*Haufen*)

1. Voir G. Teubner, *Fragments constitutionnels*, trad. fr. I. Aubert, Paris, Classiques Garnier, 2016.

d'atomes politiques abstraitement coupés de leurs racines sociales, la composition des assemblées, tout particulièrement celle de la Chambre basse, doit prendre en considération l'appartenance des individus à divers « états » sociaux, institutionnalisés par des corporations, dont les intérêts doivent être représentés en tant que tels (*Grundlinien*, § 308, p. 254-255 ; *PPD*, p. 510-512). Tel est précisément le sens de la constitution sociale du politique : manifester son caractère *constitué* en rendant explicite sa dynamique *constituante*, celle qui fait de la « constitution » une forme de vie.

Au début de ce chapitre ont été évoquées trois significations du mot « constitution » : de la signification ordinaire, juridico-normative, on a distingué une signification plus large et plus souple, socio-culturelle, et une signification quasi-physiologique (la « constitution » bonne ou mauvaise d'un individu ou d'une communauté). La théorie hégélienne de la *Sittlichkeit* opère un recoupement de ces trois registres, recoupement que j'ai décrit à l'aide du concept non hégélien de forme de vie. L'État, la constitution ne sont pas de simples « institutions » au sens usuel, objectiviste, du mot ; ces termes décrivent une manière souvent conflictuelle d'habiter l'espace de l'esprit objectif et de prendre ainsi part à un *Lebenswelt* coupé duquel la constitution, ignorante de « la vitalité du présent », n'aurait « plus d'intérêt ni de nécessité » (*Reichsverfassung*, p. 165 ; *Constit. All.*, p. 35, trad. fr. modifiée).

CHAPITRE VI

LE CARACTÈRE INSTITUTIONNEL DE LA *SITTLICHKEIT*

Poursuivant la réflexion menée dans des contributions antérieures[1], je me propose de préciser ici le type de compréhension des institutions qu'engage la théorie hégélienne de l'éthicité (*Sittlichkeit*). À la différence d'autres lectures institutionnelles de la doctrine de l'esprit objectif, la mienne adopte une conception faible ou souple des institutions, et s'appuie pour cela sur certaines théories juridiques (comme celle de Maurice Hauriou) et sur les développements de l'ontologie sociale contemporaine, dont des représentants (je pense à Vincent Descombes) se sont approprié la thématique de l'esprit objectif[2]. L'institutionnalisme de la doctrine de l'esprit objectif a été l'objet d'importantes contributions; en particulier, Dieter Henrich l'a pris pour axe de sa lecture de la philosophie hégélienne du droit[3]. Mais si un large accord semble aujourd'hui régner sur l'architecture

1. J.-F. Kervégan, *L'effectif et le rationnel*, *op. cit.*, p. 361 *sq.*; « Présentation : L'institution de la liberté », dans Hegel, *PPD*, p. 9-101, en particulier p. 64 *sq.*

2. Voir V. Descombes, *Les institutions du sens*, Paris, Minuit, 1996, p. 280 *sq.*

3. Voir D. Henrich, « Einleitung des Herausgebers : Vernunft in Verwirklichung », *in* Hegel, *Die Philosophie des Rechts* (1819), Francfort/Main, Suhrkamp, 1983.

institutionnelle de la théorie de l'esprit objectif, il me semble que cette perspective de lecture s'appuie parfois sur un concept trop étroit de l'institution, construit sur l'exemple de « grandes » institutions comme l'État, l'Université, l'Église, etc. Or les théories institutionnalistes contemporaines nous suggèrent de mettre en œuvre un concept à la fois plus large et plus souple de ce qu'est une institution. Examinons ce point avant de revenir à Hegel et à la théorie de la *Sitttlichkeit*.

QU'EST-CE QU'UNE INSTITUTION ?

Dans un langage différent de celui de Hegel, on peut avancer la définition suivante : une institution est un système normatif qui encadre de façon constante les actions d'individus ou de groupes auxquels il attribue, de façon souvent informelle, un statut ou un rôle. Elle peut (mais ne doit pas nécessairement) comporter des règles explicites (dans les termes de John Searle : des « règles régulatives ») que doivent suivre ses agents ; surtout, à la différence des « faits bruts », l'origine de l'institution ne se situe pas dans un événement naturel, mais dans un « fait institutionnel » de nature sociale, que Searle nomme une « règle constitutive »[1]. Cette règle peut être factuelle (lorsque l'institution est établie par une décision sociale explicite) ou mythique (par exemple lorsque sa création est attribuée à une autorité

1. J. R. Searle, *La construction de la réalité sociale*, trad. fr. C. Tiercelin, Paris, Gallimard, 1998, p. 45-76 ; *Making the social world*, Oxford, Oxford University Press, 2010, p. 90 *sq.* La distinction entre *brute fact* et *institutional fact* a été introduite par G. E. M. Anscombe dans son article « On Brute Facts », *Analysis* 18, 1, 1958, p. 69-72.

supra-humaine). Par ailleurs, il existe différents types d'institutions. Dans le cas de ce que Maurice Hauriou nomme les « institutions-personnes », la personnalité « passe à l'état subjectif » : l'institution (par exemple : une association, l'Université, l'Église, l'État, etc.) se voit alors accorder certaines propriétés communément attribuées aux individus, comme la personnalité ou la volonté[1]. En revanche, toujours selon Hauriou, les « institutions-choses » comme la propriété, le contrat, le mariage ou la monnaie ont une nature et une personnalité seulement objectives, non réfléchies en tant que telles : contrairement à une association, la monnaie ne « pense » pas et ne peut pas agir en justice, mais elle a pourtant les caractères d'une institution, en ce sens qu'elle n'est pas un fait naturel. Il importe donc de ne pas valoriser la seule dimension « subjective » de la personnalité au détriment de l'objectivité fondamentale de toute institution sociale, et par là-même de ne pas sous-estimer l'importance des institutions non susceptibles de personnalisation. Il me semble que la théorie hégélienne de l'esprit objectif va dans cette direction : des institutions très diverses dont l'identité, dans bien des cas, n'accède pas à « l'état subjectif » constituent le lexique de base de l'esprit objectif, principalement dans la sphère de la *Sittlichkeit* (mais pas uniquement : les catégories fondamentales du droit abstrait ont également un caractère institutionnel).

1. M. Hauriou, « La théorie de l'institution et de la fondation » (1933), dans *Aux sources du droit : le pouvoir, l'ordre, la liberté*, Caen, Presses Universitaires de Caen, 1986, p. 96-97.

Précisons ces définitions[1]. Tout d'abord, les institutions produisent des effets normatifs : elles prescrivent, interdisent, autorisent des classes d'actions qui seront considérées comme bonnes, nuisibles ou acceptables. En d'autres termes, les institutions génèrent du devoir-être, du *Sollen.* En deuxième lieu, une institution est structurée par une « idée directrice » qui définit son but de façon objective, c'est-à-dire indépendamment des représentations et des attentes des individus et des collectifs qui interagissent dans son cadre[2]. En tant que fait social, cette idée faite chose ou acte a, selon Durkheim, « *une existence propre, indépendante de ses manifestations individuelles* »[3] : une institution n'est « le fait » de personne (si ce n'est peut-être du héros mythique ou de la divinité auxquels son invention est parfois attribuée). Troisième caractère des institutions : leur inscription dans le temps long. Tout en évoluant (lentement), elles échappent ainsi aux prises des individus et même de la société qui les a vues naître. Une institution est, peut-on croire, toujours déjà là; son origine se perd souvent dans la nuit des temps : dans les sociétés traditionnelles, elle se dit dans la langue du mythe et des rituels grâce auxquels ces sociétés sacralisent leurs institutions les plus fondamentales, comme le mariage ou les rites agraires selon Hegel (*Grundlinien*, § 203 Anm., p. 171 ; *PPD*, p. 368-369). Quatrièmement, les actes accomplis

1. Je résume ici ce que j'ai exposé en détail dans mon livre *Puissance des droits*, Paris, Puf, 2025, p. 134-143.

2. M. Hauriou, « La théorie de l'institution et de la fondation », dans *Aux sources du droit : le pouvoir, l'ordre, la liberté*, *op. cit.*, p. 98.

3. É. Durkheim, *Les règles de la méthode sociologique*, Paris, Puf, 1999, p. 14.

dans le contexte d'une institution sont ritualisés; ce sont, dans les termes d'Hauriou, des « opérations à procédure »[1]. Cette procéduralisation évite de recourir à la fiction selon laquelle, derrière tout acte, et notamment derrière tout acte collectif, il y aurait une intention qui en détient le sens. L'acte accompli dans le cadre d'une institution comporte une signification objective que l'agent, d'une certaine façon, est contraint d'entériner; c'est ce qu'Hauriou, en la distinguant du consentement explicite, verbalisé, nomme « l'adhésion au fait ». L'institution, écrit Hauriou, est une sorte « d'âme objective » qui se réfracte en chaque individu[2]; elle est, en quelque sorte, une idée faite chose et acte. Ainsi comprise, la notion haurienne d'institution paraît très proche de ce que Hegel nomme la seconde nature ou l'esprit objectif, un esprit déposé dans les mœurs et les pratiques avant de l'être dans les consciences. Grandes ou petites, massives ou invisibles, les institutions sociales sont le cadre souvent invisible que présuppose tout agir sensé. De ce fait, elles contribuent à construire les individualités à travers les pratiques. Pour autant, elles ne sont pas des machines anonymes formatant implacablement les individus : elles assurent plutôt une coordination de leurs actions, auxquelles elles confèrent, ainsi qu'aux agents, une signification objective.

Qu'en est-il maintenant des institutions *juridiques*? Partons d'un exemple : la conception des *Rechtsinstitute* élaborée par Friedrich Carl von Savigny, collègue et

1. M. Hauriou, *Principes de droit public*, 1re éd. (1910), rééd. Paris, Dalloz, 2010, p. 145-158.

2. M. Hauriou, « La théorie de l'institution et de la fondation », dans *Aux sources du droit : le pouvoir, l'ordre, la liberté*, *op. cit.*, p. 108.

adversaire de Hegel à l'université de Berlin, dont la conception critique des droits subjectifs a déjà été évoquée au chapitre trois. Au début de son énorme *Système du droit romain actuel* (*System des heutigen römischen Rechts*, 1840-1849), Savigny introduit le concept de rapport de droit (*Rechtsverhältnis*). Celui-ci, qui a une nature « organique » (comprenons : qui est une partie d'un ensemble fonctionnellement coordonné), est la réalité juridique de base. Mais cette notion renvoie elle-même à celle, plus fondamentale encore, d'institut (ou d'institution) de droit (*Rechtsinstitut*[1]) : par exemple, le contrat. L'objet véritable de la science du droit, selon Savigny, ce sont donc les *Rechtsinstitute*. Le droit est un système de *Rechtsinstitute* qui, dans des rapports de droit donnés, permettent l'attribution aux individus de droits subjectifs. Or la propriété distinctive des institutions juridiques, et par là du droit lui-même, est qu'elles n'ont pas d'origine factuellement assignable. Le droit se présuppose lui-même; il comporte une circularité dynamique qui rend impossible de considérer aucun de ses éléments comme *originaire* ou *donné*, de sorte que les institutions juridiques doivent être considérées comme toujours déjà là, même si c'est factuellement inexact. Par voie de conséquence, une intervention « volontariste » dans ce réseau (Savigny pense à l'œuvre juridique de la Révolution française et de Bonaparte) ne peut être que néfaste. Toutefois, si c'est indéniablement le cas de

1. Le sens qu'a en français le mot « institut » ne permet malheureusement pas de distinguer, comme le fait Savigny, *Institut* et *Institution*. En simplifiant, on pourrait, dire que les *Institute* de Savigny (où s'entend bien entendu l'écho des *Institutes* du droit romain) correspondent aux institutions-choses d'Hauriou, et les *Institutionen* aux institutions-personnes.

Savigny, l'institutionnalisme n'est pas intrinsèquement conservateur, voire réactionnaire. Parce qu'elles sont des machines subjectives tout autant que des arrangements objectifs, les institutions peuvent engendrer des dispositions concourant à leur propre transformation. On peut donc qualifier d'institutionnaliste toute théorie sociale, quelle que soit son orientation politique présumée, qui accorde aux institutions entendues de façon holistique un pouvoir explicatif intrinsèque. En particulier, les théories institutionnalistes du droit s'efforcent de contourner l'alternative usuelle entre droit naturel et positivisme juridique, ainsi que celle de l'objectivisme (primat de la règle de droit objective) et du subjectivisme (primat des droits subjectifs).

QU'EST-CE QUE LA *SITTLICHKEIT?*

Il est incontestable que la doctrine hégélienne de l'esprit objectif accorde un rôle considérable aux institutions entendues au sens large précédemment défini. Il est donc légitime de la considérer comme une forme d'institutionnalisme, même si cela ne rend pas compte de tous ses aspects, en particulier de certaines des prémisses métaphysiques qu'elle comporte. S'agissant en particulier de la théorie de l'éthicité, il importe d'éviter une simplification si on veut prendre toute la mesure de sa structuration institutionnelle. « L'éthicité » n'est pas seulement la troisième partie de la doctrine de l'esprit objectif, juxtaposée au droit abstrait (première partie) et à la moralité (deuxième partie). En réalité, elle incorpore les deux précédentes sphères en une totalité concrète, structurée par les institutions de la famille, de la société civile et de l'État, qui comportent toutes une face objective et une face subjective, comme on l'a suggéré au chapitre précédent. Les institutions « éthiques » (par exemple : le mariage, la corporation, l'administration gouvernementale) sont des configurations objectives portées par des individus dont l'identité institutionnelle (de parent, de « compagnon » d'une corporation, de fonctionnaire...) se construit dans et par leur insertion statutaire plurielle dans ces institutions. De leur côté, celles-ci requièrent de leurs agents des formes d'engagement spécifiques; en effet, elles n'ont d'effectivité que grâce à l'agir et aux dispositions subjectives des individus, comme par exemple la « disposition d'esprit politique (*politische Gesinnung*) » des citoyens dont il a été question au chapitre précédent. De par cette double dimension objective et subjective de ses institutions, l'éthicité coïncide avec l'esprit objectif en sa totalité, et inclut en elle le droit privé et la moralité subjective, qui sont en quelque sorte des composantes non indépendantes, des « moments » logiques de celle-ci. En effet, la mise en œuvre de leurs principes respectifs engage des éléments qui leur sont extérieurs : l'application des normes du droit n'est pas purement juridique, mais sociale et politique; l'accomplissement des fins morales suppose qu'une objectivité institutionnelle soit conférée aux règles que le sujet se prescrit. Mais les relations caractéristiques du droit privé et de la morale (rapport juridique de personne à personne par la médiation de choses, rapport moral du sujet à des normes d'action et à d'autres sujets) ne disparaissent pas pour autant dans la sphère éthique. Au contraire, elles trouvent dans les institutions de la *Sittlichkeit* (famille, corporation, etc.) la garantie de leur propre effectivité.

Hegel donne la définition suivante de la *Sittlichkeit* :

> L'éthicité est l'*idée de la liberté* en tant que Bien vivant qui a dans la conscience de soi son savoir, son vouloir et, grâce à l'agir de celle-ci, son effectivité, de même que la conscience de soi a, à même l'être éthique, son assise qui est en et pour soi et sa fin motrice, – [l'éthicité est] le *concept de la liberté devenu monde présent-là* et *nature de la conscience de soi.* (*Grundlinien*, § 142, p. 137/ *PPD*, p. 315)

Selon cette définition, l'éthicité a une réalité, ou plutôt (puisque Hegel distingue *Realität* et *Wirklichkeit*[1] : *Enzykl* 3, § 6 Anm., p. 45-46 ; *Encycl* 1, p. 169-170) une effectivité subjective autant qu'objective. Les rapports éthiques (par exemple : le rapport parent-enfant, le rapport producteur-consommateur, le rapport gouvernant-gouverné) ont un caractère *objectif*, raison pour laquelle « les *puissances éthiques* » (entendons : les institutions) forment un « cercle de la nécessité », auquel la « vie des individus » doit se conformer (*Grundlinien*, § 145, p. 137-138 ; *PPD*, p. 316). Toutefois, ces individus ne sont pas de simples « accidents » de la « substance éthique » (bien que Hegel emploie ce vocabulaire dans le même paragraphe), car le système des déterminations institutionnelles encadrant leur agir forme, à travers les représentations et les pratiques qu'il suscite, un monde *vécu*, un *Lebenswelt.* Les normes éthiques n'ont d'effectivité que lorsqu'elles sont, de la part des individus, « objet de savoir » ou, à défaut, de « croyance » (*Grundlinien*, § 147, p. 138 ; *PPD*, p. 317).

1. Contrairement à la *Realität*, qui selon la *Logique* relève de l'économie du « passer », propre à la sphère de l'être, la *Wirklichkeit* obéit à celle du « paraître », propre à la sphère de l'essence ; de ce fait, elle a sa raison d'être (*Grund*) en elle-même et non en une réalité autre. L'effectif est ce qui, au sein du réel, rend raison de soi.

De ce fait, en dépit de l'objectivité quasi-matérielle de ses institutions, la *Sittlichkeit* comporte une dimension subjective ineffaçable. À la différence des lois de la nature, les normes éthiques, explicites ou implicites, « ne sont pas quelque chose d'*étranger* au sujet » (*ibid.*) : elles ne valent que grâce à la représentation (souvent déformée) que les individus en ont, et leur effectivité dépend de leur adhésion à ces normes. Celles-ci, nourries par la « *confiance* » qu'ont en elles leurs destinataires, assurent en retour aux dispositions sociales une base institutionnelle (*Enzykl* 3, § 515, p. 495 ; *Encycl* 3, p. 300).

La connexion entre subjectivité individuelle et structures institutionnelles objectives comporte donc un double aspect. D'un côté, pour les individus, « la substance éthique, ses lois et ses pouvoirs » sont hors d'atteinte ; à cet égard, ces lois (qui couvrent un champ bien plus vaste que les seules lois juridiques) ont sur eux « une autorité et une puissance absolues » (*Grundlinien*, § 146, p. 138 ; *PPD*, p. 317). De l'autre, cependant, la validité effective des normes éthiques présuppose que les individus, consciemment ou non, les perçoivent non comme une contrainte externe, mais comme l'expression de leur « *essence propre* » (*Grundlinien*, § 147, p. 138 ; *PPD*, p. 317). Ainsi, la relation des individus avec les conditions institutionnelles de leur agir, qui demeurait contingente dans le cas de l'adhésion (jamais garantie) du sujet à la norme morale du Bien, est complètement internalisée dans le cadre de la *Sittlichkeit*, raison pour laquelle Hegel qualifie la subjectivité éthique de « conscience morale véritable » : *Grundlinien*, § 137, p. 119 ; *PPD*, p. 290). Coutumes et mœurs sont la manifestation de cette intériorisation du rapport à la norme. Pratiques objectivement organisées par des règles informelles, elles constituent – comme l'habitude – une « *seconde nature* qui est posée à la place de la volonté première, simplement naturelle, et qui est l'âme, la signification et l'effectivité » des individus ; elles sont « l'*esprit* vivant et présent en tant que monde » (*Grundlinien*, § 151, p. 141 ; *PPD*, p. 322[1]). Grâce à elles, et aussi grâce aux prescriptions institutionnelles explicites (lois, règlements, statuts ...), la liberté trouve dans les institutions éthiques « l'existence qui lui est adéquate » (*Grundlinien*, § 152 Anm., p. 142 ; *PPD*, p. 323). Par conséquent, c'est sur le terrain de la *Sittlichkeit* que l'esprit objectif devient pleinement conforme à son concept :

> L'*éthicité* est l'achèvement de l'esprit objectif, la vérité de l'esprit subjectif et de l'esprit objectif eux-mêmes. [...] La *liberté* subjective est en tant que volonté rationnelle en et pour soi *universelle*, qui a dans la conscience de la subjectivité singulière son savoir de soi [...], de même qu'elle a en même temps son activation et son *effectivité* universelle immédiate en tant que *coutume éthique* – la *liberté* consciente de soi, devenue *nature*. (*Enzykl* 3, § 513, p. 233 ; *Encycl* 3, p. 299, trad. fr. modifiée)

1. Il existe une importante littérature récente sur cette question : voir en particulier I. Testa, « Second Nature and Recognition. Hegel and the Social Space », *Critical Horizons* 10, 3, 2009, p. 341-370 ; M. Quante, *Die Wirklichkeit des Geistes. Studien zu Hegel*, Berlin, Suhrkamp, 2011, p. 116-139 ; T. Pinkard, *Hegel's Naturalism. Mind, Nature, and the Final Ends of Life*, Oxford, Oxford University Press, 2012, p. 98 *sq.* et p. 183 *sq.* ; F. Ranchio, *Dimensionen der zweiten Natur. Hegels praktische Philosophie*, Hamburg, F. Meiner, 2016 ; T. Khurana, *Das Leben der Freiheit. Form und Wirklichkeit der Autonomie*, Berlin, Suhrkamp, 2017 ; C. Menke, *Autonomie und Befreiung. Studien zu Hegel*, Berlin, Suhrkamp, 2018, p. 119-148.

Dans l'esprit objectif, les contenus normatifs répondant à la deuxième question kantienne (« que dois-je faire ? ») sont confirmés, sinon fondés, par l'adhésion des subjectivités : mais l'objectivité éthique demeure la « substance » présupposée des engagements éthiques afférents aux différents rôles sociaux. C'est d'ailleurs, du point de vue de Hegel, la limite de l'éthicité et de l'esprit objectif lui-même. La seconde nature éthique est radicalement différente de la première, de la nature *externe* (qui inclut aussi notre corps propre et notre constitution mentale primaire), parce qu'elle n'est pas le règne de la nécessité, mais celui de la liberté construite sur la nécessité, dont elle est la « vérité ». Cependant, la seconde nature demeure une nature : elle parle d'abord la langue de la nécessité. De surcroît, bien que les normes éthiques permettent à l'individu d'agir de façon libre dans un environnement indisponible, elles ne sont pas forcément perçues comme telles, surtout depuis que les individus se sont affranchis des contraintes religieuses et politiques auxquelles ils étaient précédemment soumis. L'accès à la liberté éthique présuppose donc une acculturation de l'individu, une laborieuse éducation à l'universel qui doit être acquise à l'encontre de sa première nature et de la représentation qu'il se fait spontanément de sa liberté. Dans l'esprit objectif – c'est l'indice de sa *finitude* – la réconciliation de la liberté subjective et de la liberté objective demeure objective. C'est pourquoi « l'unité de la liberté objective et de la liberté subjective » (*Grundlinien*, § 258 Anm., p. 202 ; *PPD*, p. 418), en dépit de sa rationalité intrinsèque, demeure souvent l'horizon de l'agir plutôt que ce qui le détermine.

LA VERTU ÉTHIQUE DES INSTITUTIONS

Hegel conçoit la « disposition d'esprit éthique » (*sittliche Gesinnung : PPD*, § 137, 166, 171, 207) et la « disposition d'esprit politique » (*politische Gesinnung : PPD*, § 267-269) comme une adhésion pour ainsi dire naïve de la conscience subjective aux normes sociales et aux lois étatiques plutôt que comme le résultat d'une autodétermination rationnelle « kantienne ». De ce fait, la *Sittlichkeit* ne dépend pas d'abord du comportement exemplaire de l'individu mais plutôt du fait qu'il est, selon une maxime antique, « *citoyen d'un État qui a de bonnes lois* » (*Grundlinien*, § 153 Anm., p. 142; *PPD*, p. 324). Mais, pour que la seconde nature éthique soit reconnue par les individus comme leur véritable nature, et non comme une contrainte externe, une médiation est requise entre l'univers des normes objectives et la conscience subjective; cette médiation s'opère grâce aux *institutions* qui forment les substructures de toute la sphère éthico-politique.

Grâce aux institutions « examinées dans ce qui précède » de la famille et de la société civile (mais aussi à celles de l'État, qui n'ont pas encore été évoquées à ce stade de l'exposé), s'exerce « la puissance du rationnel dans la nécessité » (*Grundlinien*, § 263, p. 210; *PPD*, p. 435) : en créant, comme dit Charles Taylor, des « significations communes »[1], elles assurent la commune

1. C. Taylor, « L'interprétation et les sciences de l'homme », dans *La liberté des Modernes*, trad. fr. P. de Lara, Paris, Puf, 1997, p. 169. Taylor distingue les significations partagées (*shared meanings*) et les significations communes (*common meanings*) : les premières participent d'une vision atomistique, les secondes d'une vision holistique de la société.

genèse de la subjectivité individuelle et de l'objectivité sociale, la coordination réussie des aspirations individuelles et du bien commun. Les institutions éthiques ne sont pas le produit d'un projet concerté, elles ne sont pas *artificielles*; elles sont plutôt, comme dit Hauriou, « la plus profonde et la plus primitive » des « couches géologiques » formant l'assise sur laquelle reposent les mœurs, les croyances collectives, les pratiques et les normes sociales[1]. Leur évidence durable provient de ce qu'elles sont présupposées par nos actes quotidiens, auxquels elles offrent un horizon de sens. Ainsi entendues, les institutions sont des quasi-choses formant le mobilier du monde vécu social. Bien entendu, il ne s'agit pas de choses matérielles, mais de purs rapports symboliques structurant la parole et l'agir de sujets qui, paradoxalement, accèdent à leur individualité singulière en observant les *rites* propres aux diverses institutions dont ils relèvent (cellule familiale, groupe socio-professionnel, communauté religieuse...).

La cohérence de la conception hégélienne de la *Sittlichkeit* tient avant tout à cette dimension institutionnelle : en dépit de la grande diversité des registres qu'elle aborde, elle tend constamment à mettre en lumière l'enracinement des pratiques et des croyances individuelles et collectives dans des institutions, alors que le droit abstrait (privé) et la morale les évaluent selon des schémas opératoires abstraits (conforme/contraire au droit; Bien/Mal). Cela ne concerne pas seulement la sphère de l'État, dont les institutions imposantes (l'armée, le système scolaire, l'université, et bien entendu toutes les institutions proprement politiques : assemblées

1. M. Hauriou, *Principes de droit public*, 1re éd., *op. cit.*, p. 167-168.

parlementaires, administration publique, etc.) constituent, en même temps que les lois, la « volonté *pensée* » (*Grundlinien*, § 256 Anm., p. 200 ; *PPD*, p. 416). Un maillage institutionnel s'observe aussi dans la sphère familiale (mariage, filiation, héritage) et dans la société civile (ordre autorégulé du marché, institution judiciaire, corporations). Les rapports familiaux, économiques et sociaux entre des individus ou des classes d'individus définissent un espace institutionnalisé qui forme « la *constitution*, c'est-à-dire la rationalité développée et effectuée, *dans* [l'élément du] *particulier* » (*Grundlinien*, § 265, p. 211 ; *PPD*, p. 436). C'est *d'abord* grâce à ces institutions infra-étatiques, qui sont « l'assise stable de l'État », et en second lieu seulement grâce aux institutions politiques auxquelles ils sont (ou non) conduits à prendre part, que les individus sont en mesure de se conformer à des règles sans que cela engendre une aliénation (bien que cela puisse aussi survenir).

La conception institutionnelle de la *Sittlichkeit* explique l'extension que Hegel fait subir au concept de constitution, déjà évoquée au chapitre précédent. Celle-ci n'est pas un catalogue de dispositions normatives ; elle désigne plutôt la dynamique selon laquelle l'État *se constitue* dans et par l'interaction des dispositions subjectives de ses membres et des institutions qui structurent la vie publique. Ainsi, la théorie hégélienne de la *Sittlichkeit* n'implique pas (en tout cas, pas forcément) la subordination de l'individualité subjective à une volonté objective incorporée dans des normes hors d'atteinte de l'agir individuel ou collectif ; mais elle se refuse à abstraire la subjectivité pratique de son contexte institutionnel objectif en lui attribuant une liberté mal comprise et, en définitive, illusoire.

L'INSTITUTION DIALECTIQUE DE L'INDIVIDUALITÉ

La capacité d'action autonome requise par les conditions de la vie politique et sociale moderne présuppose un ensemble d'appartenances institutionnelles ; mais elle n'en résulte pas mécaniquement. Les dispositions, attitudes et pratiques subjectives sont encadrées, mais ne sont pas déterminées, comme si elles étaient une simple superstructure, par les institutions de la *Sittlichkeit*. Mon identité sociale et politique ne peut pas être simplement déduite de mes propriétés objectives (par exemple de ma position sociale), et je peux être *libre* (même si on s'en tient à une définition pauvre de la liberté comme pouvoir de choix entre des possibles, que Hegel récuse) tout en assumant l'enracinement institutionnel de mon identité et de celle d'autrui. La liberté juridique et sociale a d'abord, comme dit Kant, le sens de « l'indépendance vis-à-vis de l'arbitre contraignant d'autrui »[1]. Mais, déjà chez Kant, et *a fortiori* chez Hegel, le concept de liberté a une signification bien plus exigeante. Selon Hegel, la liberté est « la négativité en tant qu'elle s'approfondit en elle-même jusqu'à la plus haute intensité, et qu'elle est elle-même affirmation et, à la vérité, affirmation absolue » (*Enzykl* 3, § 87 Anm., p. 124 ; *Encycl* 1, p. 351). Un tel concept dialectique de la liberté permet de comprendre, par exemple, que l'autonomie sociale et politique effective des individus procède de l'imprégnation culturelle, qui peut apparaître comme une contrainte externe, de normes éthiques (au sens large, hégélien) qui sont engendrées par le fonctionnement autopoiétique des institutions et s'expriment dans les mœurs et les représentations

1. Kant, *Rechtslehre*, *AA* VI, p. 237 ; *Doctrine du droit*, p. 26.

collectives d'une communauté historique particulière. Une telle liberté ne consiste cependant pas en une acceptation passive des restrictions objectives imposées par des institutions, lesquelles ont du reste une influence palpable sur les représentations et les volontés individuelles ; d'ailleurs, il arrive parfois, par exemple lors d'une crise révolutionnaire, que la liberté consiste à se dresser contre les institutions périmées d'une *Sittlichkeit* à bout de souffle. L'institutionnaliste Hegel est aussi un partisan résolu des principes de 1789, ce qui cadre mal avec l'image conservatrice qui est communément celle de l'institutionnalisme.

Considérons les divers visages de l'individualité, tels que les *Principes de la philosophie du droit* les énumèrent : la personne juridique, le sujet moral, le membre de la communauté familiale, le « bourgeois », c'est-à-dire l'acteur social, et enfin le citoyen politique. Chacune de ces figures s'inscrit dans le contexte d'une ou de plusieurs institutions de l'esprit objectif. Si, conformément à la compréhension courante de l'*Aufhebung*, nous interprétons cette séquence de manière linéaire, nous serons enclins à penser que chacune d'elles *dépasse* la précédente, laquelle est de cette façon plutôt supprimée que conservée. Je crois au contraire qu'ici, comme il en va de manière générale chez Hegel, *Aufheben* a le sens d'un accès médiat vers le fondement du terme initial, et non d'un progrès vers ce qui le réfute et l'annule :

> Ce qui se supprime (*aufhebt*) ne devient pas par là du néant. [...] quelque chose de supprimé (*ein Aufgehobenes*) est quelque chose de *médiatisé*, il est le non-étant, mais comme un *résultat*, lequel est issu d'un être. Il a par conséquent *encore en soi la détermination dont il provient*. [...] Ainsi, ce qui est

> supprimé (*das Aufgehobene*) est quelque chose qui est en même temps conservé, qui a seulement perdu son immédiateté, mais qui n'est pas pour autant disparu. (*WdL* 1, p. 95; *SL* 1, p. 139, trad. fr. modifiée)

C'est ce que souligne aussi l'ultime chapitre de la *Doctrine du Concept* :

> De cette manière, chaque pas de la *progression* dans la détermination croissante, tout en s'éloignant du commencement indéterminé, est aussi un *rapprochement rétrograde* de lui; par conséquent, ce qui peut bien apparaître tout d'abord comme divers : la *fondation régressive* du commencement et la *détermination croissante progressive* de celui-ci, tombent l'un dans l'autre et sont la même chose. (*WdL* 3, p. 251 ; *SL* 3, p. 318, trad. fr. modifiée)

La théorie de la *Sittlichkeit* est l'illustration, dans un contexte institutionnel, de cette structure *progressive-régressive* de la « méthode du concept ». En accord avec la *Logique*, le « *résultat* », ici : l'État, est le « fondement *véritable* » des moments précédemment exposés dans le « parcours du concept scientifique », en l'occurrence la famille et la société civile (*Grundlinien*, § 256 Anm., p. 199; *PPD*, p. 415-416). Par conséquent, la forme politique de l'individualité, la citoyenneté, et son expression subjective, la disposition d'esprit politique, sont tout à la fois le « résultat » logique et le « fondement véritable » des figures antécédentes, énumérées ci-dessus, de l'individualité. Dans la situation moderne (postrévolutionnaire) de différenciation fonctionnelle des divers sous-systèmes sociaux (famille, société civile, État), la subjectivité ou l'*ethos* politique (l'esprit de citoyenneté) est la condition non de possibilité, mais d'*effectivité* des formes pré-politiques de l'individualité subjective, en ce qu'elle les délivre, ou doit les délivrer, de leur abstraction – en d'autres termes de leur caractère autocentré. Le citoyen moderne est *aussi* un sujet moral, une personne juridique, un acteur social, etc., et sa *constitution* subjective est la garantie du caractère effectif de ces figures et de leurs *esprits* respectifs. Ainsi, les institutions, en particulier celles de la société civile, sont une composante essentielle de la « socialité de la raison », selon l'expression judicieuse de Terry Pinkard[1]. Elles sont un générateur d'individualité et de subjectivité, et fournissent par là-même les conditions d'effectivité d'une liberté simultanément individuelle et communautaire.

1. Voir T. Pinkard, *Hegel's Phenomenology : the Sociality of Reason*, Cambridge, Cambridge University Press, 1996.

POUR CONCLURE

Depuis 1831, en dehors du camp (lui-même assez composite) des « vieux hégéliens » qui se veulent fidèles à l'esprit et à la lettre de l'œuvre de Hegel, tous ceux qui jugent devoir s'intéresser à cette œuvre sont plus ou moins des « jeunes hégéliens » : ils s'efforcent d'y distinguer « ce qui est vivant » de « ce qui est mort », selon la formule de Benedetto Croce[1]. Mais, bien entendu, la définition et la jauge de chacune des deux parts varient selon les intérêts et les convictions de l'interprète. On peut considérer que tel ou tel secteur du système hégélien a plus vieilli que d'autres : c'est le cas, selon une opinion communément partagée, de la philosophie de la nature ; c'est aussi le cas de certains aspects ou concepts de la théorie de l'esprit subjectif et de celle de l'esprit objectif ; la philosophie de l'art et la philosophie de la religion n'échappent pas à la critique ; enfin, différents développements de la Logique hégélienne semblent devoir être écartés ou, à tout le moins, remaniés en profondeur… Pourtant, bon nombre de ceux qui critiquent sévèrement Hegel sur tel ou tel de ces points peuvent juger utile, voire nécessaire d'exploiter le cas échéant le potentiel spéculatif de sa pensée : pour réhabiliter « le pouvoir de

1. B. Croce, *Ce qui est vivant et ce qui est mort dans la philosophie de Hegel*, Paris, Giard et Brière, 1910.

la pensée négative »[1], pour rester à l'écoute « d'un maître qui enseigne le mouvement vivant par opposition à l'être mort »[2], pour associer « l'espoir de la réconciliation » à un « penser irréconciliable »[3], pour s'assurer de ce que « la rose au cœur de la croix du présent n'est pas encore totalement défraîchie »[4] ou pour repérer dans les *Principes de la philosophie du droit* « l'ébauche d'une théorie normative des sphères de reconnaissance »[5].

Les quelques exemples qui viennent d'être invoqués n'ont pas été choisis au hasard : leur mise en avant exprime la dette qui est la mienne envers un certain type d'appropriation de l'héritage hégélien, celui de la « théorie critique » au sens large, en particulier dans sa variante francfortoise. Ce n'est pas la seule façon, certes, d'exploiter cet héritage. L'œuvre de « l'Aristote des temps modernes » est suffisamment vaste pour abriter toute une lignée de descendants légitimes et illégitimes : dès après la mort de Hegel, les œuvres si profondément différentes de Feuerbach, de Marx et de Kierkegaard en administrent la preuve. Disons que ma sensibilité philosophique entre plus facilement en résonance avec le courant que j'ai mentionné qu'avec d'autres manières,

1. H. Marcuse, *Raison et révolution. Hegel et la naissance de la théorie sociale*, trad. fr. R. Castel et P.-H. Gonthier, Paris, Minuit, 1968, p. 41.

2. E. Bloch, *Sujet-objet. Éclaircissements sur Hegel*, trad. fr. M. de Gandillac, Paris, Gallimard, 1977, p. 10.

3. T. W. Adorno, *Dialectique négative*, trad. fr. Collège de philosophie, Paris, Payot & Rivages, 2003, p. 31.

4. J. Habermas, *Vérité et justification*, trad. fr. R. Rochlitz, Paris, Gallimard, 2001, p. 163.

5. A. Honneth, *Les pathologies de la liberté. Une réactualisation de la philosophie du droit de Hegel*, trad. fr. F. Fischbach, Paris, La Découverte, 2008, p. 27.

tout aussi acceptables en droit, de gérer l'héritage. Ce qui ne m'interdit pas, au demeurant, de faire entendre un accent particulier au sein de ce courant. L'attention que je porte au motif institutionnel, par exemple, ne se retrouve guère dans la plupart des lectures relevant de la théorie critique, qui déplorent même parfois la « surinstitutionnalisation » de la doctrine de l'esprit objectif[1] ; d'ailleurs, historiquement, la lecture institutionnelle a plutôt été le fait d'interprétations comme celles des « néo-hégéliens de droite » de la période de Weimar (Julius Binder, Karl Larenz et quelques autres) ou d'auteurs conservateurs dont le rapport avec la pensée de Hegel est plus distant, mais qui perçoivent, comme Arnold Gehlen, la fécondité de sa conception institutionnelle du droit[2]. Mon pari aura été de contribuer à défaire le motif institutionnel de ses connotations exclusivement conservatrices, tout en insistant sur la dimension novatrice, déjà exploitée magistralement par Marx et quelques autres, de la pensée hégélienne.

Exploiter le potentiel critique de cette pensée pour clarifier les interrogations qui sont celles de notre temps et, pour cela, nous approprier le style de pensée de Hegel et une part importante du bagage conceptuel qu'il nous a livré, est une entreprise qui mérite d'être poursuivie. Elle l'est, fort heureusement, par de nombreux philosophes, y compris en dehors des territoires traditionnels de la réception de Hegel, pour aller vite : hors de la vieille Europe et du type de philosophie qui y a été longtemps hégémonique. J'ai tenté dans le présent ouvrage d'ajouter

1. A. Honneth, *Les pathologies de la liberté*, *op. cit.*, p. 106 *sq.*

2. Voir A. Gehlen, *Anthropologie et psychologie sociale*, trad. fr. J.-L. Bandet, Paris, Puf, 1990, p. 304-305.

quelques pièces à l'édifice, dans la conviction, formulée par Peirce en son temps, que l'hégélianisme ne doit pas être considéré aujourd'hui avec « la même stupidité arrogante » que le fut jadis l'anti-hégélianisme[1].

1. C. S. Peirce, *Collected Papers*, vol. I, Cambridge (Mass.), Harvard University Press, 1974, p. 33.

Origine des textes

Les chapitres de ce livre sont pour la plupart d'abord parus dans des publications françaises ou étrangères ; je remercie leurs responsables de m'avoir autorisé à les reprendre. Ces textes ont été substantiellement remaniés pour la présente publication :

« Derecho y violencia. Variaciones hegelianas », *in* G. Leyva et A. Nava Tovar (dir.), *La Filosofia del Derecho de G. W. F. Hegel : Sentido, problemas y perspectivas*, Mexico, Universidad Autonoma Metropolitana, 2024, p. 687-706, pour le premier chapitre.

« Le droit et les droits dans la philosophie hégélienne du droit », *in* É. Djordjevic (dir.), *Hegel et le droit*, Paris, Éditions Panthéon-Assas, 2023, p. 19-35, pour le chapitre III.

« Hegel über Recht, Gerechtigkeit und Sittlichkeit », *in* M. Giusti et T. S. Hoffmann (dir.), *Hegel und die Wissenschaften*, Berlin, Duncker & Humblot, 2024, p. 271-291, pour le chapitre IV.

« La constitution comme forme de vie », *Diogène* 281-282, janvier-juin 2024, p. 7-18, pour le chapitre V.

« The institutions of *Sittlichkeit* », *in* D. Moyar, K. Padgett-Walsh, S. Rand (dir.), *Hegel's Philosophy of Right. Critical perspectives on Freedom and History*, London, Routledge, 2022, p. 171-184, pour le chapitre VI.

TABLE DES MATIÈRES

Achevé d'imprimer en août 2025 sur les presses de
La Manufacture - *Imprimeur* – 52200 Langres – Tél. : (33) 325 845 892
Imprimé en France – N° : 250572 – Dépôt légal : août 2025